Telis Marin

nuovissimo
PROGETTO
italiano

1

Corso di lingua
e civiltà italiana

A1 - A2

Libro dello studente

EDILINGUA

I edizione: maggio 2019

ISBN: 978-88-99358-50-1 Libro dello studente (+ DVD)

ISBN: 978-88-99358-54-9 Edizione per insegnanti (+ DVD)

Ha collaborato:
Fulvia Oddo

Redazione:
Antonio Bidetti, Anna Gallo, Sonia Manfrecola,
Laura Piccolo, Elisa Sartor, Natia Sità

Foto: Shutterstock, Telis Marin

Foto copertina: Telis Marin

Impaginazione e progetto grafico:
Edilingua

Illustrazioni:
Alfredo Belli, Massimo Valenti

Registrazioni audio e produzione video:
Autori Multimediali, Milano

© **Copyright edizioni Edilingua**

Sede legale
Via Alberico II, 4 00193 Roma
Tel. +39 06 96727307
Fax +39 06 94443138
info@edilingua.it
www.edilingua.it

Deposito e Centro di distribuzione
Via Moroianni, 65 12133 Atene
Tel. +30 210 5733900
Fax +30 210 5758903

Telis Marin dopo una laurea in Italianistica ha conseguito il Master Itals (Didattica dell'italiano) presso l'Università Ca' Foscari di Venezia e ha maturato la sua esperienza didattica insegnando presso varie scuole d'italiano. È direttore di Edilingua e autore di diversi testi per l'insegnamento della lingua italiana: *Nuovissimo* e *Nuovo Progetto italiano 1, 2, 3* (Libro dello studente), *Progetto italiano Junior 1, 2, 3* (Libro di classe), *La Prova Orale 1* e *2*, *Primo Ascolto*, *Ascolto Medio*, *Ascolto Avanzato*, *Nuovo Vocabolario Visuale*, *Via del Corso Video* e coautore di *Via del Corso A1, A2, B1*, *Nuovo Progetto italiano Video* e *Progetto italiano Junior Video*. Ha tenuto numerosi workshop sulla didattica in tutto il mondo.

Gli autori e l'editore sentono il bisogno di ringraziare i tanti colleghi che, con le loro preziose osservazioni, hanno contribuito al miglioramento di questa nuova edizione.

Un sincero ringraziamento, inoltre, va agli amici insegnanti che, visionando e provando il materiale in classe, ne hanno indicato la forma definitiva.

Infine, un pensiero particolare va ai redattori e ai grafici della casa editrice per l'impegno profuso.

a mia figlia
Telis Marin

Ogni azione umana ha un impatto sull'ambiente. A Edilingua siamo convinti che il futuro del nostro Pianeta dipende anche da ognuno di noi. "**La Terra ha bisogno del tuo aiuto**" è una piccola ma costante campagna di sensibilizzazione rivolta agli studenti: ogni nostro libro vuole essere un invito alla riflessione, uno stimolo al risparmio energetico e alla riduzione delle emissioni di CO_2. Ulteriori informazioni sul nostro sito (in "chi siamo").

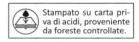

Stampato su carta priva di acidi, proveniente da foreste controllate.

Gli autori apprezzerebbero, da parte dei colleghi, eventuali suggerimenti, segnalazioni e commenti sull'opera (da inviare a redazione@edilingua.it)

Premessa

Nuovissimo Progetto italiano è l'edizione completamente aggiornata di un moderno corso d'italiano per stranieri. Si rivolge a studenti adulti e giovani adulti e copre tutti i livelli del Quadro Comune Europeo.

Le caratteristiche principali del corso sono:

- l'equilibrio tra elementi comunicativi e grammaticali;
- l'approccio induttivo;
- il lavoro sistematico sulle 4 abilità;
- la progressione veloce;

- la presentazione della realtà socioculturale dell'Italia di oggi;
- i numerosi materiali extra, cartacei e digitali;
- la facilità nell'uso.

Il fatto che **Nuovo Progetto italiano**, ovvero l'edizione precedente di quella che avete in mano, sia il corso più venduto al mondo, ci ha permesso di raccogliere i commenti di centinaia di insegnanti che operano in vari contesti didattici. Questo prezioso feedback e la nostra diretta esperienza in aula ci hanno permesso di valutare e decidere le modifiche da apportare, al fine di presentare un corso aggiornato didatticamente e nei contenuti. Nello stesso tempo abbiamo rispettato la filosofia dell'edizione precedente, apprezzata da tanti colleghi che sono "cresciuti" professionalmente usando il manuale in classe.

In *Nuovissimo Progetto italiano 1*:

- tutti i dialoghi sono stati revisionati, sono meno lunghi, più spontanei, più vicini alla lingua parlata;
- alcune attività sono diventate più induttive e più coinvolgenti;
- la progressione rimane veloce;
- c'è una maggiore continuità tra le unità, grazie alla presenza nelle diverse situazioni di personaggi fissi, gli stessi degli episodi video;
- gli episodi video e il Quiz "Lo so io", sono stati girati ex novo, con nuovi attori e location, su testi aggiornati;
- gli episodi video sono meglio integrati nella struttura del corso, in quanto completano o anticipano il dialogo introduttivo;
- tutti i brani audio sono stati revisionati e registrati da attori professionisti;
- la sezione "Per cominciare" presenta una maggiore varietà di tecniche didattiche;
- alcune tabelle grammaticali sono state alleggerite o spostate nel nuovo Approfondimento grammaticale;

- alcuni fenomeni grammaticali vengono presentati in maniera più induttiva e semplice;
- le pagine di civiltà sono state aggiornate e i testi sono più brevi;
- c'è stata un'accurata revisione del lessico, seguendo un approccio a spirale sia tra le unità che tra Libro e Quaderno;
- oltre ai giochi già presenti, è stata inserita una breve attività ludica per unità;
- la revisione dei contenuti da parte degli studenti diventa più divertente grazie al Gioco di società e ai nuovi giochi digitali sulla piattaforma i-d-e-e;
- la grafica è stata aggiornata con nuove foto e illustrazioni e le pagine risultano meno dense;
- l'Edizione per insegnanti (con chiavi) e la Guida didattica (anche digitale) facilitano e rendono più vario il lavoro dell'insegnante;
- nel Quaderno, interamente a colori, diverse attività sono ora più varie con abbinamenti, riordini e scelte multiple al posto di attività con domande aperte.

La struttura delle unità (per maggiori suggerimenti si veda la Guida per l'insegnante)

- La sezione "Per cominciare" ha lo scopo di creare negli studenti l'indispensabile motivazione iniziale attraverso varie tecniche di riflessione e coinvolgimento emotivo, di attivazione delle preconoscenze, di preascolto e ascolto, introducendo l'argomento della prima sezione o dell'intera unità.
- Successivamente si legge e si ascolta il brano registrato e si verificano le ipotesi formulate e le risposte date nelle attività precedenti. Questo tentativo di capire il contesto porta ad una comprensione globale dei nuovi elementi.
- In seguito, rileggendo il dialogo l'allievo comincia a fare delle ipotesi sull'uso di questi nuovi elementi. Lavora sul significato e scopre le strutture.
- A questo punto gli allievi riflettono sul nuovo fenomeno grammaticale rispondendo a semplici domande e completando la tabella riassuntiva con le forme mancanti. Dopo, provano ad applicare le nuove regole esercitandosi su semplici attività orali. Un piccolo rimando indica gli esercizi disponibili sul Quaderno degli esercizi. Svolgendoli su i-d-e-e.it si ha anche la correzione automatica.

- Le funzioni comunicative vengono presentate attraverso brevi dialoghi e poi sintetizzate in tabelle facilmente consultabili. I role-play che seguono hanno come obiettivo l'uso dei nuovi elementi e un'espressione spontanea che porterà all'autonomia linguistica desiderata. Ogni intervento da parte dell'insegnante dovrebbe mirare ad animare il dialogo e non all'accuratezza linguistica. Su quest'ultima si potrebbe intervenire in una seconda fase e in modo impersonale.

- I testi di "Conosciamo l'Italia" possono essere utilizzati, in qualsiasi fase della lezione o come compito a casa come brevi prove per la comprensione scritta, per presentare nuovo vocabolario e, ovviamente, vari aspetti della realtà italiana moderna.

- L'unità si chiude con la pagina dell'Autovalutazione che comprende brevi attività sugli elementi comunicativi e lessicali dell'unità stessa, così come di quella precedente. Gli allievi hanno a disposizione le chiavi, ma non sulla stessa pagina, e dovrebbero essere incoraggiati a svolgere queste attività come una revisione autonoma.

- L'episodio video e le rispettive attività sono un divertente ripasso dei contenuti comunicativi, lessicali e grammaticali dell'unità. Gli episodi video e il Quiz "Lo so io" sono disponibili anche su i-d-e-e.it.

I materiali extra

Nuovissimo Progetto italiano 1 è completato da una serie di innovative risorse supplementari.

- **i-d-e-e**: un'innovativa piattaforma che comprende tutti gli esercizi del Quaderno in forma interattiva e una serie di risorse extra e strumenti per studenti e insegnanti.

- **E-book**: il libro dello studente in formato digitale per dispositivi Android, iOS e Windows (su blinklearning.com).

- **Software per la Lavagna Interattiva Multimediale**: semplice, funzionale e completo. Basta un proiettore per rendere la lezione più motivante e collaborativa. Disponibile anche su i-d-e-e.it, nell'ambiente insegnanti.

- **DVD** allegato al Libro dello studente e disponibile su i-d-e-e.it. Il DVD offre una sit-com didattica che può essere guardata o durante l'unità o in piena autonomia. Seguendo la stessa progressione lessicale e grammaticale del Libro dello studente, il videocorso (episodi e quiz) completa i dialoghi e gli argomenti dell'unità.

- **CD audio** allegato al Quaderno degli esercizi e disponibile su i-d-e-e.it. I brani audio, registrati da attori professionisti, sono naturali e spontanei e sono disponibili anche in versione "rallentata" pensata per studenti la cui lingua materna è lontana dall'italiano, ma anche come primo ascolto di un dialogo al fine di facilitare la comprensione e abbassare il filtro affettivo.

- **Dieci Racconti** (anche in formato e-book): brevi letture graduate ispirate alle situazioni del Libro dello studente.

- **Giochi digitali**: diverse tipologie per ripassare i contenuti di ogni unità, disponibili gratuitamente su i-d-e-e.it.

- **Gioco di società**: con quattro diverse tipologie di gioco per ripassare e consolidare quanto appreso in maniera divertente.

- **Glossario interattivo**: applicazione gratuita per dispositivi iOS e Android per imparare e consolidare il lessico in maniera efficace e divertente.

Tanti altri materiali sono gratuitamente disponibili sul sito di Edilingua: la *Guida digitale*, con preziosi suggerimenti e tanti materiali fotocopiabili; i *Test di progresso*; i *Glossari in varie lingue*; le *Attività extra e ludiche*; i *Progetti*, uno per unità, per una didattica cooperativa e orientata all'azione (*task based learning*); le *Attività online*, cui rimanda un apposito simbolo alla fine di ogni unità e propongono, attraverso siti sicuri e controllati periodicamente, motivanti esercitazioni che accompagnano lo studente alla scoperta di un'immagine più viva e dinamica della cultura e della società italiana.

Buon lavoro

Telis Marin

Legenda dei simboli

 Ascoltate la traccia n. 12 del CD audio

 Produzione orale libera

 Attività in coppia

 Situazione comunicativa

 Produzione scritta (40-50 parole)

 Attività ludica

 Fate le Attività video a pagina 179

 Mini progetti (*task*)

 Fate l'esercizio 11 a pagina 14 del *Quaderno*

 Giochi dell'unità su i-d-e-e.it

 Andate su www.edilingua.it e fate le attività online

Benvenuti!

A   Parole e lettere

1 Cosa è l'Italia per voi? Confrontate le vostre risposte con quelle dei compagni.

2 Lavorate in coppia. Abbinate le foto numerate a queste parole.

☐ musica   ☐ arte   ☐ spaghetti   ☐ moda   ☐ espresso   ☐ opera   ☐ cappuccino   ☐ cinema

Conoscete altre parole italiane?

In questa unità impariamo...	• a fare lo spelling • a presentarci, presentare • a salutare • a dire la nazionalità • i numeri cardinali (1-30) • a chiedere e dire il nome e l'età	• l'alfabeto italiano • la pronuncia (c, g, s, sc, gn, gl, z, doppie consonanti) • i sostantivi • gli aggettivi in -o/a • l'articolo determinativo • il presente indicativo: essere, avere, chiamarsi (io, tu, lui/lei)

🎧 01 **3** Le lettere dell'alfabeto: ascoltate e ripetete.

L'alfabeto italiano

A a	a	**H h**	acca	**Q q**	qu
B b	bi	**I i**	i	**R r**	erre
C c	ci	**L l**	elle	**S s**	esse
D d	di	**M m**	emme	**T t**	ti
E e	e	**N n**	enne	**U u**	u
F f	effe	**O o**	o	**V v**	vi (vu)
G g	gi	**P p**	pi	**Z z**	zeta
J j	i lunga	**W w**	doppia vu	**Y y**	ipsilon (i greca)
K k	cappa	**X x**	ics		*In parole di origine straniera*

4 Scrivi il tuo nome e leggi "lettera per lettera", come nell'esempio.

Mi chiamo Mario:
emme-a-erre-i-o.

🎧 02 **5 a** Pronuncia (1).
Ascoltate e ripetete le parole.

🎧 03 **b** Ascoltate e scrivete le parole accanto al suono giusto, come nell'esempio in blu.

c - g

caffè	ca	ca _musica_
Colosseo	co	co ....
cucina	cu	
galleria	ga	ga ....
gondola	go	go ....
lingua	gu	
ciao	ci	ci ....
limoncello	ce	
parmigiano	gi	gi ....
gelato	ge	
chiave	chi	chi ....
zucchero	che	
ghiaccio	ghi	
portoghese	ghe	ghe ....

6

B Italiano o italiana?

1 Osservate.

studente   studenti   chiave   chiavi   gelato   gelati

pagina   pagine

2 Scrivete le parole mancanti e completate la regola.

I sostantivi (nomi)

maschili		femminili	
singolare	plurale	singolare	plurale
.... →	gelati	pagina →	....
studente →	....	chiave →	....

I nomi

- maschili che finiscono in **-o** al plurale finiscono in **-i**
- femminili che finiscono in **-a** al plurale finiscono in ....
- maschili e femminili che finiscono in **-e** al plurale finiscono in ....

Sostantivi irregolari o particolari (come sport*) sono nell'Approfondimento grammaticale a pagina 192.*

3 Scrivete le parole al singolare o al plurale.

1. .... → finestre

2. pesce → ....

3. .... → gelati

4. notte → ....

5. .... → treni

6. borsa → ....

4 Osservate la tabella e scrivete le parole al plurale.

1. ragazzo alto
   ....

3. finestra aperta
   ....

2. casa nuova
   ....

4. macchina rossa
   ....

ragazzo italian**o**	→ **ragazzi** italian**i**
ragazza italian**a**	→ **ragazze** italian**e**
Le parole in blu sono aggettivi: descrivono persone o cose.	

es. 1-3
p. 5

C Ciao, io sono Alice.

1 A quale foto corrisponde ogni dialogo? Ascoltate e indicate con *a* o *b*.

1 ☐

2 ☐

2 Lavorate in coppia. Ascoltate di nuovo e completate i dialoghi.

a *Stella:* Buongiorno, Alice. Questi sono Gary e Bob.

Alice: Ciao, io .... Alice. Siete americani?

Bob: Io sono americano, lui è australiano!

b *Giorgia:* Ciao, questa .... Dolores.

Matteo: Piacere Dolores, io sono Matteo. .... spagnola?

Dolores: Sì, e tu?

Matteo: Sono italiano.

3 Leggete i dialoghi e completate la tabella.

Il verbo *essere*

io	....		noi	siamo	
tu	sei	italiano/a	voi	....	italiani/e
lui, lei	....		loro	sono	

4 Osservate le foto e oralmente costruite delle frasi come nell'esempio. *Lui è Paolo, è italiano.*

Maria, brasiliana

Hamid, marocchino

Paolo, italiano

Diego e José, argentini

Maria e Carmen, spagnole

Susanne, tedesca

John e Larry, americani

5 In gruppi di tre, fate un dialogo come quelli dell'attività C2. Cambiate i nomi e le nazionalità.

es. 4-5 p. 6

 6 a Pronuncia (2). Ascoltate e ripetete le parole.

S - SC

studente
sette
borsa
S

espresso
SS

musica
svizzero
S

prosciutto
pesce
SC

tedeschi
maschera
SC+h

 b Ascoltate e scrivete le parole sotto il suono giusto, come nell'esempio in blu.

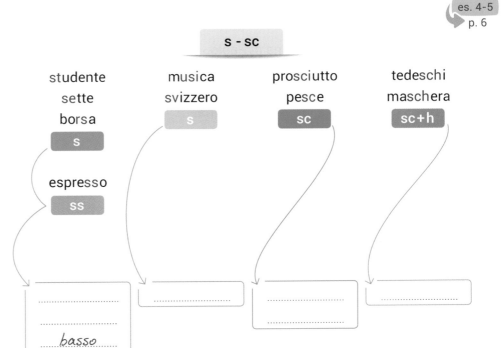

basso

D   Il ragazzo o la ragazza?

1 Ascoltate le frasi. Poi, in coppia, abbinate le immagini (a-h) alle frasi (1-6). Attenzione, ci sono 2 immagini in più!

07

a 〇

h 〇

g 〇

b 〇

f 〇

c 〇

d 〇

07 **2** Ascoltate di nuovo e cerchiate l'articolo che sentite. Poi completate la tabella.

e 〇

1. Questa è la / l' macchina di Paolo.
2. Ah, ecco i / le chiavi!
3. Gli / I studenti di italiano sono molti.
4. No, questo non è lo / il libro di Anna.
5. Il calcio è lo / il sport più bello!
6. Scusi, è questo il / l' autobus per il centro?

L'articolo determinativo

maschile				femminile			
singolare		plurale		singolare		plurale	
....	ragazzo	→ i	ragazzi	la	ragazza	→	ragazze
l'	albero	→ gli	alberi	l'	isola	→ le	isole
....	studente, zio	→	studenti, zii				

3 Completate con gli articoli dati.

gli × la × il × i × l' × gli × il × lo

1. .... stivali

2. .... zaino

3. .... zia

4. .... panino

5. .... aerei

6. .... opera

7. .... numeri

8. .... museo

4 Formate delle frasi come nell'esempio:

Potete seguire l'ordine proposto
o fare altre combinazioni!

| macchina rossa | → | *La macchina è rossa.* |

| casa bella | pesci piccoli | libri nuovi | ristorante italiano | vestiti moderni | zio giovane |

es. 6-10
p. 7

5 Completate la tabella con i numeri: *otto, uno, quattro, tre, sette*.

I numeri da 1 a 10

1	....	6	sei
2	due	7	....
3	....	8	....
4	....	9	nove
5	cinque	10	dieci

Scrivete il risultato:

tre + cinque =

....

(08) **6 a Pronuncia (3).**
Ascoltate e ripetete le parole.

(09) **b** Ascoltate e scrivete le parole accanto al suono giusto, come nell'esempio in blu.

gn - gl - z

insegnante	gn
spagnolo	
glossario	gl
inglese	
figlio	gli
famiglia	
zero	z
zaino	
azione	
canzone	
pizza	zz
mezzo	

gn *lavagna*

gl ....

gli ....

z ....

zz ....

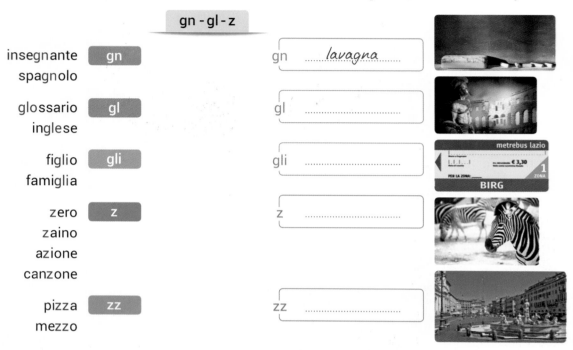

E Chi è?

(10) **1** Ascoltate e abbinate i mini dialoghi (1-4) ai disegni (a-d).

a b c d

(10) **2** Ascoltate e leggete i dialoghi per verificare le vostre risposte.

1. • Tesoro, hai tu le chiavi di casa?
   • Io? No, io ho le chiavi della macchina.
   • E le chiavi di casa dove sono?

2. • Chi è questa ragazza?
   • La ragazza con la borsa? Si chiama Carla.
   • Che bella ragazza!

3. • Sai, Maria ha due fratelli: Paolo e Dino.
   • Davvero? E quanti anni hanno?
   • Paolo ha 11 anni e Dino 16.

4. • Ciao, io mi chiamo Andrea, e tu?
   • Io sono Sara.
   • Piacere!

3 Leggete di nuovo i dialoghi e completate la tabella.

Il verbo *avere*

io	ho
tu	hai	} 22 anni
lui, lei	....
noi	**abbiamo**
voi	**avete**	} il libro
loro	....

Osservate:

io	mi chiamo	Marco
tu	ti chiami	Sofia
lui, lei	si chiama	Roberto/a

4 Abbinate le risposte (a-d) alle domande (1-4).

a. Sì, un fratello e una sorella.
b. 18.
c. E io sono Paola, piacere.
d. Antonio.

4. Quanti anni hai?

1. Hai fratelli?

2. E tu come ti chiami?

3. Ciao, io mi chiamo Matteo.

 5 Lavorate in coppia. Completate la tabella con: *ventiquattro, sedici, trenta, ventisette*.

I numeri da 11 a 30

11	undici	16	....	21	ventuno	26	ventisei
12	dodici	17	diciassette	22	ventidue	27	....
13	tredici	18	diciotto	23	ventitré	28	ventotto
14	quattordici	19	diciannove	24	....	29	ventinove
15	quindici	20	venti	25	venticinque	30	....

 6 Sei *A*: chiedi al tuo compagno: Sei *B*: rispondi alle domande di *A*.

• *come si chiama*
• *quanti anni ha*
• *come si scrive (lettera per lettera) il suo nome e cognome*

Alla fine *A* **riferisce alla classe le risposte di** *B* **("Lui/Lei si chiama..., ha...").**

es. 11-14 p. 9

11 **7** **a** Pronuncia (4).
Ascoltate e ripetete le parole.

12 **b** Ascoltate e scrivete le parole accanto al suono giusto, come nell'esempio in blu.

doppie consonanti

piccolo cappuccino	cc
caffè difficile	ff
oggi aggettivo	gg
fratello sorella	ll
mamma immagine	mm
nonna anno	nn
terra corretto	rr
otto notte	tt

cc *doccia*

ff

gg

ll

mm

nn

rr

tt

AUTOVALUTAZIONE

Cosa ricordi dell'unità introduttiva?

1 Abbina le due colonne.

1. Presentarsi
2. Dire la nazionalità
3. Chiedere il nome
4. Chiedere l'età

a. *Quanti anni hai?*
b. *Io sono Maria, piacere!*
c. *Come ti chiami?*
d. *Lucy è americana.*

2 Scegli l'alternativa corretta.

1. La / Le macchina di Paolo è rossa.
2. Loro sono / è brasiliani.
3. Giulia ha / abbiamo 25 anni.
4. Il / L' gelato è buono.
5. Lei ha / è due fratelli.
6. Il / Gli zii sono giovani.

3 Scrivi il singolare o il plurale.

1. la finestra aperta ➔ ....
2. lo sport americano ➔ ....
3. .... ➔ le ragazze alte
4. .... ➔ le case nuove
5. il libro italiano ➔ ....
6. .... ➔ le borse piccole

Controlla le soluzioni a pagina 190. Sei soddisfatto/a?

Test finale

Per cominciare...

 1 Osservate le foto: quale tra queste situazioni è più importante per voi? Perché?

Per me è più importante.... E per te?

un nuovo lavoro

un nuovo amore

un nuovo amico / una nuova amica

una nuova città

una nuova casa

 2 Prima di ascoltare il dialogo tra Gianna e Lorenzo, leggete le parole sotto.
Secondo voi, di quale inizio parlano (attività 1)?

Secondo me, parlano di...

*No, secondo me... /
Sì, anche per me...*

simpatica	giornale	casa	collega
metro	centro	carina	macchina

 3 Ascoltate il dialogo e verificate le vostre ipotesi.

In questa unità impariamo...	• a chiedere e dare informazioni • a salutare e rispondere al saluto • a usare la forma di cortesia • a descrivere una persona: aspetto fisico, carattere	• il presente indicativo: verbi regolari • l'articolo indeterminativo • gli aggettivi in -e
		• le regioni e le città italiane

PROGETTO
italiano
1

A   Sono molto contenta.

 1 Ascoltate di nuovo e indicate se le affermazioni
sono vere o false.

	V	F

1. Domani è il primo giorno di lavoro per Gianna.
2. Gianna è contenta del nuovo lavoro.
3. Michela è una ragazza simpatica.
4. L'ufficio apre alle 10.

2 In coppia, leggete il dialogo per verificare le vostre risposte.

Gianna: Pronto?

Lorenzo: Ciao Gianna! Come stai?

Gianna: Ehi, Lorenzo! Bene, e tu?

Lorenzo: Tutto bene. Pronta per domani?

Gianna: Sì, certo. Anche se è la prima volta che lavoro in un giornale...

Lorenzo: Sei contenta?

Gianna: Sì, molto!

Lorenzo: Perfetto! Ah Michela, la tua collega, abita vicino a casa mia.

Gianna: Davvero? E com'è?

Lorenzo: È una ragazza simpatica e carina. Lavora lì da due anni.

Gianna: Ah, bene!

Lorenzo: Ma a che ora apre l'ufficio?

Gianna: Alle 9. Prendo la metro e in dieci minuti sono lì.

Lorenzo: Che fortuna! E a che ora finisci?

Gianna: Alle 6.

Lorenzo: Buon inizio, allora.

Gianna: Grazie!

> **Osservate**
>
> *Come stai?*
>
> *Bene, e tu?*

3 Rispondete alle domande.

    1. Cosa fa Gianna per la prima volta?
    2. Chi è Michela?
    3. A che ora inizia a lavorare Gianna?

4 Completate i fumetti con i verbi del dialogo e scrivete il nome della persona che parla, come nell'esempio in blu.

.... lì da due anni.

[*Lorenzo*]

.... la metro e in dieci minuti sono lì.

[......................]

È la prima volta che .... in un giornale.

[......................]

A che ora ....?

[......................]

5 Lavorate in coppia. Scrivete i verbi dell'attività 4 al posto giusto.

io   ....
tu   ....
lui/lei   ....

6 Completate la tabella.

Il presente indicativo

	1ª coniugazione -are	2ª coniugazione -ere	3ª coniugazione -ire	
	lavor<u>a</u>re	pr<u>e</u>ndere	apr<u>i</u>re	fin<u>i</u>re
io	lav<u>o</u>ro	....	apro	fin<u>i</u>sco
tu	lav<u>o</u>ri	prendi	apri	....
lui/lei/Lei	....	prende	....	fin<u>i</u>sce
noi	lavor<u>i</u>amo	prendi<u>a</u>mo	apri<u>a</u>mo	fini<u>a</u>mo
voi	lavor<u>a</u>te	prend<u>e</u>te	apr<u>i</u>te	fin<u>i</u>te
loro	lav<u>o</u>rano	pr<u>e</u>ndono	<u>a</u>prono	fin<u>i</u>scono

Nota: come aprire: *dormire, offrire, partire, sentire ecc.*
come finire: *capire, preferire, spedire, unire, pulire, chiarire, costruire ecc.*

7 In coppia, rispondete alle domande come nell'esempio.

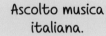

> Che tipo di musica ascolti? (musica italiana)

> Ascolto musica italiana.

Prendete l'autobus?
(la metro)

A che ora arrivi a casa?
(alle dieci)

Capisci tutto quando parla l'insegnante? *(molto)*

Quando partite per Perugia?
(domani)

Dove abitano Anna e Maria?
(a Piazza Navona)

es. 1-8
p. 11

B   Una pizza con i colleghi

1 Leggete i messaggi di Gianna e Lorenzo e abbinate le due colonne sotto, come nell'esempio in blu.

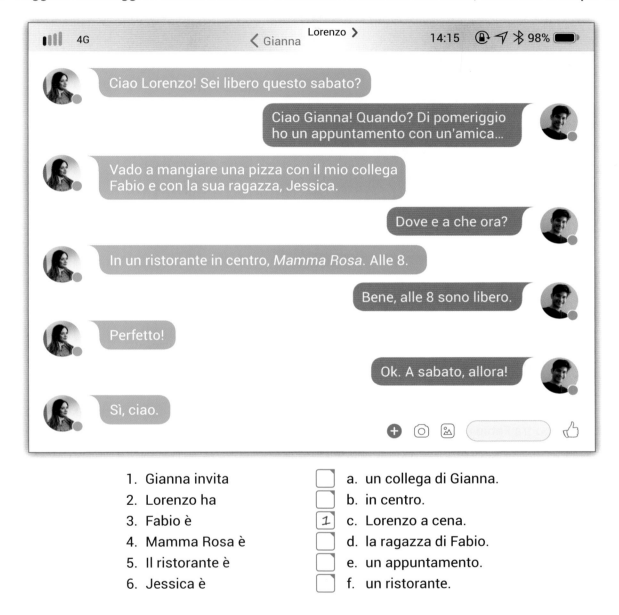

> **4G**   〈 Gianna   Lorenzo 〉   14:15   🔒 ⌁ ⚹ 98% 🔋
>
> **Ciao Lorenzo! Sei libero questo sabato?**
>
> **Ciao Gianna! Quando? Di pomeriggio ho un appuntamento con un'amica...**
>
> **Vado a mangiare una pizza con il mio collega Fabio e con la sua ragazza, Jessica.**
>
> **Dove e a che ora?**
>
> **In un ristorante in centro, *Mamma Rosa*. Alle 8.**
>
> **Bene, alle 8 sono libero.**
>
> **Perfetto!**
>
> **Ok. A sabato, allora!**
>
> **Sì, ciao.**
>
> ➕ 📷 🖼 (_____) 👍

1. Gianna invita	☐ a. un collega di Gianna.
2. Lorenzo ha	☐ b. in centro.
3. Fabio è	1 c. Lorenzo a cena.
4. Mamma Rosa è	☐ d. la ragazza di Fabio.
5. Il ristorante è	☐ e. un appuntamento.
6. Jessica è	☐ f. un ristorante.

2 Completate la tabella con gli articoli indeterminativi che trovate nei messaggi di Gianna e Lorenzo.

L'articolo indeterminativo

maschile		femminile	
....	ristorante appuntamento	....	pizza
uno	studente zaino	....	amica

3 Completate il dialogo con gli articoli indeterminativi.

amico di Fabio: Allora, ci vediamo dopo?

Fabio: No, stasera ho .... (1) appuntamento con Jessica.

amico: Chi è Jessica?

Fabio: La mia ragazza.

amico: Ah!

Fabio: Sì, ... (2) ragazza bella e molto dolce: occhi verdi, capelli biondi, alta. E poi è anche .... (3) persona simpatica!

amico: Ma Jessica è .... (4) nome italiano?

Fabio: Mah... sì, però lei è americana. È qui a Milano per .... (5) corso d'italiano.

4 Sostituite l'articolo determinativo, in blu, con quello indeterminativo.

il ragazzo alto ┃ l'attore famoso ┃ la domanda difficile
l'idea interessante ┃ il corso d'italiano

es. 9-10 p. 14

5 Nel dialogo tra Fabio e il suo amico leggiamo "una ragazza dolce". Osservate nella tabella le lettere in blu.

Aggettivi in -e

il libro		l'uomo	
la storia	interessante	l'idea	intelligente
i libri		gli uomini	
le storie	interessanti	le idee	intelligenti

6 Con i sostantivi e gli aggettivi dati formate frasi come questa: "I ragazzi sono intelligenti".

casa   verdi

dialogo   difficili

libri   importante

ragazzi   grande

gonne   interessante

anno   gentili

es. 11 p. 14

C   Di dove sei?

 1 Ascoltate il dialogo del primo incontro tra Fabio e Jessica e rispondete alle domande.

1. Di dov'è Jessica?   2. Perché è in Italia?   3. Dove abita?

2 Sottolineate nel dialogo le espressioni che usano i due ragazzi per chiedere informazioni.

Jessica: Scusa, per andare in centro?
Fabio: ...In centro? Ehm... prendi il 22 e scendi all'ultima fermata...
Jessica: Grazie!
Fabio: Prego! Sei straniera, vero? Di dove sei?
Jessica: Sono americana, di Chicago.
Fabio: Chicago... e sei qui per lavoro?
Jessica: No, per studiare l'italiano. Sono qui da due giorni.
Fabio: Allora, ben arrivata! Io mi chiamo Fabio.
Jessica: Io sono Jessica, piacere!
Fabio: Piacere! Comunque complimenti, parli già molto bene l'italiano!
Jessica: Grazie!
Fabio: Ehm... e abiti qui vicino?
Jessica: In via Verdi. E tu, dove abiti?
Fabio: Anch'io abito in via Verdi!
Jessica: Davvero? Ah, ecco l'autobus... A presto, allora!
Fabio: A presto! Ciao!

3 Completate i mini dialoghi con le domande.

- ....?
- Prendi la metro e scendi alla fermata Duomo.

- ....?
- No, sono spagnola.

- ....?
- Sono di Malaga.

- ....?
- No, sono in Italia per lavoro.

- ....?
- In via delle Belle Arti.

Chiedere informazioni	Dare informazioni
Scusa, per...? / Scusa, per andare...?	*Prendi l'autobus e...*
Sei straniero, vero?	*Sì, sono francese.*
Di dove sei?	*Sono di Parigi.*
Sei qui per motivi di lavoro?	*No, sono in Italia per studiare l'italiano.*
Da quanto tempo sei qui? / Da quanto tempo studi l'italiano?	*Sono in Italia da due anni. / Studio l'italiano da due anni.*
Dove abiti?	*Abito in via Giulio Cesare, al numero 3.*

 4 **Sei A:** chiedi al tuo compagno:

Sei B: osserva le espressioni sopra in tabella e rispondi alle domande di *A*.

- *se è straniero*
- *da quanto tempo studia l'italiano*
- *di dove è*
- *dove abita*

es. 12-13
p. 15

D   Ciao Maria!

 1 Osservate le persone nei disegni sotto. Cosa dicono, secondo voi?

 2 Ascoltate i mini dialoghi e indicate a quali immagini corrispondono. Dopo ascoltate di nuovo e verificate le vostre risposte.

a

b

c

d

3 Usate i saluti della tabella sotto e fate dei mini dialoghi per le seguenti situazioni.

Salutare e rispondere al saluto

> *Buongiorno!*
> *Buon pomeriggio!*
> *Buonasera!*
> *Buonanotte!*

> *Ciao!*
> *Salve!*   — (informale)
> *Ci vediamo!*
> *Arrivederci!*
>
> *ArrivederLa!*   (formale)

1

2

3

4

5

4 Sei *A*: saluta un amico

- *all'università la mattina*
- *quando esci dalla biblioteca alle 15*
- *al bar verso le 18*
- *quando esci dall'ufficio alle 20*
- *dopo una serata in discoteca*

Sei *B*: rispondi ai saluti di *A*.

E Lei, di dov'è?

1 Leggete il dialogo e rispondete alle domande.

signore: Scusi, sa dov'è via Alberti?

signora: No, non abito qui, sono straniera.

signore: Straniera?! Complimenti! Ha una pronuncia perfetta! E... di dov'è?

signora: Sono svizzera.

signore: Ah, ed è qui in vacanza?

signora: Sì, ma non è la prima volta che visito l'Italia.

signore: Ah, ecco perché parla così bene l'italiano. Allora... arrivederLa, signora!

signora: ArrivederLa!

1. Cosa chiede il signore?   2. Di dov'è la signora?   3. Perché è in Italia?

2 Leggete i due dialoghi e osservate le differenze.

a.

Jessica: Scusa, per andare in centro?

Fabio: ...In centro? Allora... prendi il 12 e scendi all'ultima fermata...

Jessica: Grazie!

Fabio: Prego! Sei straniera, vero? Di dove sei?

b.

signore: Scusi, sa dov'è via Alberti?

signora: No, non abito qui, sono straniera.

signore: Straniera?! Complimenti! Ha una pronuncia perfetta! E... di dov'è?

In italiano è possibile *dare del tu* a una persona (come nel dialogo a) oppure *dare del Lei* (come nel dialogo b), con il verbo alla terza persona singolare. Quest'ultima è la forma di cortesia. Esiste una forma simile nella vostra lingua?

  3 Sei *A*: chiedi a una persona che non conosci bene:

- *come si chiama*
- *se studia o lavora*
- *quanti anni ha*
- *se abita vicino*

Puoi cominciare con "Scusi, signore/signora...?"

Sei *B*: rispondi alle domande di *A*. Poi chiedi "E Lei?" e *A* risponde.

es. 14
p. 16

F Com'è?

 1 Mettete in ordine il dialogo. Poi ascoltate e verificate le vostre risposte.

- ☐ Com'è Michela? Bella?
- ☐ E gli occhi come sono?
- ☐ Bruna e ha i capelli non molto lunghi.
- ☐ Ha gli occhi marroni, grandi e bellissimi!
- ☐ Sì, è alta e magra. È anche molto simpatica.
- 3 È bionda o bruna?

2 Rileggete la descrizione di Michela e scrivete sotto gli aggettivi che mancano.

> Per descrivere l'aspetto fisico

è / non è:

   giovane / anziano

   .... / brutto

.... / basso

ha i capelli:

  corti / ....

 rossi

  neri

 ....

 castani

ha gli occhi:

  azzurri

  ....

  castani (marroni)

  verdi

> Per descrivere il carattere

è / sembra:

.... / antipatico   allegro / triste   scortese / gentile

3 Un viso famoso. Completate con: *i capelli, l'occhio, il naso.*

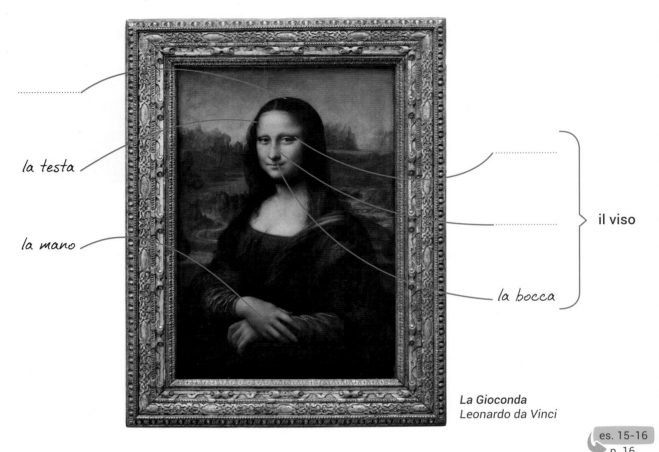

....

la testa

la mano

....

.... il viso

la bocca

La Gioconda
Leonardo da Vinci

es. 15-16
p. 16

4 Su un foglio descrivete il vostro aspetto e il vostro carattere, ma non scrivete il vostro nome. Poi con il foglio fate un aeroplano di carta (seguite le istruzioni sotto) che lanciate tutti insieme. Ogni studente prende un aeroplano, legge il foglio e dice chi è la persona descritta.

 1. 2. 3. 4. 5. 6. 7.

5 A turno, descrivete un vostro compagno, senza dire il nome. Gli altri devono capire chi è!

Ha i capelli lunghi, ha gli occhi neri, è simpatico.

Ricorda

io sono	io ho
tu sei	tu hai
lui/lei è	lui/lei ha

 6 Scriviamo
30-40

Descrivi il tuo miglior amico (nome, età, carattere, aspetto, da quanto tempo siete amici, …).

  Test finale
p. 179

L'Italia: regioni e città

Osservate la cartina.

1. Quante regioni ha l'Italia?
2. Quali sono le città più importanti?
3. Cosa conoscete di queste città?

Attività online

Che cosa ricordi delle prime due unità?

1 Sai...? Abbina le due colonne.

1. salutare	☐ a. *Buonasera Stefania!*
2. descrivere l'aspetto	☐ b. *Abitiamo in via Paolo Emilio, 28.*
3. dire l'età	☐ c. *È una bella ragazza.*
4. dare informazioni	☐ d. *Luca è un ragazzo allegro.*
5. descrivere il carattere	☐ e. *Paolo ha 18 anni.*

2 Abbina le frasi.

1. Parli molto bene l'italiano!	☐ a. No, per studiare l'italiano.
2. Ciao, come stai?	☐ b. Grazie!
3. Io mi chiamo Giorgio.	☐ c. Sono spagnolo.
4. Scusi, di dov'è?	☐ d. Piacere, Stefania.
5. Sei qui in vacanza?	☐ e. Molto bene e tu?

3 Completa.

1. Il contrario di *alto*: ....
2. Due regioni italiane: ....
3. La seconda persona singolare di *capire*: ....
4. La seconda persona plurale di *avere*: ....

4 Scopri le sei parole nascoste.

a r o n a s o t r i t e t r e n t a p o t t e s t a z u b i o n d o g e n m i n u t i p l i s e d i c i

Controlla le soluzioni a pagina 190.
Sei soddisfatto/a?

La Fontana di Trevi, Roma

Per cominciare...

1 Osservate le immagini e indicate:

- due attività del vostro tempo libero
- un'attività noiosa o poco interessante
- un'attività interessante ma che non fate

a giocare con i videogiochi

b andare in palestra

c ballare

d leggere un libro

e suonare uno strumento

f guardare la televisione

g ascoltare musica

h andare al cinema/ a teatro

2 Girate per la classe e discutete con alcuni compagni, come nell'esempio.

Mi piace/ Non mi piace... E a te?

Secondo me è interessante... E per te?

3 Ascoltate le interviste a tre persone. Di quali attività parlano?

In questa unità impariamo...	
• a invitare, accettare/rifiutare un invito • a descrivere un appartamento, un'abitazione • a chiedere e dire l'indirizzo, che giorno è, l'ora • a parlare del tempo libero • i numeri cardinali (30-2.000) e i numeri ordinali • i giorni della settimana	• il presente indicativo: verbi irregolari • i verbi modali (potere, volere, dovere) • le preposizioni a, da, in, con, per
	• quali sono i mezzi di trasporto urbani • come passano il tempo libero gli italiani

A   Cosa fai nel tempo libero?

17 **1** Riascoltate le interviste e indicate le affermazioni corrette.

1. Giorgio
- ☐ a. suona il violino
- ☐ b. ha molti interessi
- ☐ c. gioca con i videogiochi

2. Martina
- ☐ a. va a teatro
- ☐ b. ama leggere
- ☐ c. fa sport

3. Francesca
- ☐ a. balla il tango
- ☐ b. va spesso al cinema
- ☐ c. esce con gli amici

A. Giorgio, cosa fai nel tempo libero?

Nel mio tempo libero faccio varie attività: suono il pianoforte, gioco a calcio, leggo e il fine settimana esco con gli amici. Andiamo al cinema o a bere qualcosa.

B. Martina, come passi il tempo libero?

Adesso che sono in pensione, ho tanto tempo libero e faccio tante cose: suono in un gruppo musicale, vado in piscina per stare in forma, ascolto musica. Spesso viene la mia migliore amica e facciamo una partita a carte.

C. Francesca, sappiamo che sei molto impegnata con il tuo lavoro: hai però un po' di tempo per te?

Come forse sai, una donna con due figli che lavora, non ha molto tempo libero. Qualche volta, però, vado a teatro e ogni venerdì sera vado a un corso di tango. Il fine settimana spesso vengono amici a casa e mangiamo una pizza insieme.

 2 In gruppo leggete le interviste e verificate le risposte dell'attività A1. Uno di voi è il giornalista e fa le domande, gli altri sono Giorgio, Martina, Francesca e leggono le risposte.

3 Rispondete alle domande.

1. Dove va Giorgio con gli amici? 2. Che sport fa Martina? 3. Quando va a teatro Francesca?

4 Leggete di nuovo le interviste e trovate i verbi per completare la tabella.

**Presente indicativo
Verbi irregolari (1)**

	andare	venire
io	....	vengo
tu	vai	vieni
lui/lei/Lei	va	....
noi	....	veniamo
voi	andate	venite
loro	vanno	....

5 Completate con i verbi *andare* e *venire*.

1. Ma perché Tiziana e Mauro .... in centro a quest'ora?
2. Ragazzi, stasera noi .... a ballare, voi che fate?
3. Perché non .... anche voi al cinema?
4. Carla, a che ora .... a scuola la mattina?
5. Quando .... all'aeroporto Paolo?
6. Domani .... con te a Milano.

Galleria Vittorio Emanuele, Milano

es. 1-3
p. 19

6 Lavorate in coppia: cercate nelle interviste i verbi per completare la tabella.

Presente indicativo
Verbi irregolari (2)

	dare	sapere	stare
io	do	so	sto
tu	dai	....	stai
lui/lei/Lei	dà	sa	sta
noi	diamo	sappiamo	stiamo
voi	date	sapete	state
loro	danno	sanno	stanno

	uscire	fare	giocare
io	....	faccio	....
tu	esci	fai	giochi
lui/lei/Lei	esce	fa	gioca
noi	usciamo	....	giochiamo
voi	uscite	fate	giocate
loro	escono	fanno	giocano

Nota: *Il verbo* giocare *(come il verbo* pagare*) è regolare ma, come vedete, presenta una particolarità. Altri verbi irregolari sono nell'Approfondimento grammaticale a pagina 196.*

7 Completate le domande.
Poi intervistate il vostro compagno.

> Con chi esci stasera?
> (tu, uscire)

> Esco con Paolo.

1. Che cosa .... per stare in forma? (tu, *fare*)
2. Il venerdì sera i tuoi amici .... a casa? (*stare*)
3. Dove andate tu e il tuo migliore amico quando ....? (*uscire*)
4. .... spesso con i videogiochi? (tu, *giocare*)
5. .... come si chiama l'insegnante? (tu, *sapere*)
6. Gli studenti .... del tu o del Lei all'insegnante? (*dare*)

es. 4-6
p. 20

B Vieni con noi?

18 **1** Leggete e ascoltate i mini dialoghi.

- Che fai domani? Andiamo al mare?
- Sì, volentieri! Con questo bel tempo non ho voglia di restare in città.

- Alessio, vieni con noi in discoteca stasera?
- Purtroppo non posso, devo studiare.
- Ma dai, oggi è venerdì!
- Beh, non è che non voglio, è che davvero non posso!

- Carla, domani pensiamo di andare a teatro. Vuoi venire?
- Certo! È da tempo che non vado a teatro!

- Senti, che ne dici di andare alla Scala stasera? Ho due biglietti!
- No, mi dispiace. Magari un'altra volta. Stefania non sta molto bene e voglio restare con lei.

2 Rileggete i dialoghi e cercate le espressioni per completare la tabella.

Invitare qualcuno	Accettare un invito	Rifiutare un invito
....	*Sì, grazie! / D'accordo!*	....
Vieni...?	....	*Ho già un impegno.*
Vuoi venire?	....	....
Perché non...?	*Perché no?*	....
	Buona idea! / Perfetto!	

3 Usate le espressioni dell'attività B2 per completare i mini dialoghi.

- Io e Maria pensiamo di andare al cinema.
  ....?
- .... È un'ottima idea.

- ....?
- Mi dispiace, non posso.

- ....?
- Volentieri!

- Andiamo al concerto di Bocelli? Ho due biglietti.
- ....

- Che ne dici di andare a Venezia per il fine settimana?
- ....

4 Sei *A*: osserva i disegni e invita *B*...

a guardare la tv

a una mostra d'arte

a fare le vacanze insieme

a fare spese insieme

un fine settimana al mare

a mangiare la pizza

Sei *B*: accetta o rifiuta gli inviti di *A*.

 es. 7
p. 21

C Scusi, posso entrare?

1 Osservate queste frasi.

2 Completate la tabella con i verbi dell'attività C1.

I verbi modali

potere	Scusi, posso entrare? Gianna, puoi aspettare un momento? Professore, può ripetere, per favore? Purtroppo non possiamo venire a Firenze con voi. Ragazzi, ... guardare la TV fino alle 10. Marta e Luca non possono uscire stasera.	+ infinito
volere	Sai che cosa voglio fare oggi? Una gita al mare. Ma perché non vuoi mangiare con noi? Ma dove vuole andare a quest'ora Paola? Stasera noi non vogliamo fare tardi. Volete bere un caffè con noi? Secondo me, loro non .... venire.	+ infinito
dovere	Stasera devo andare a letto presto. Marco, non devi mangiare tanti dolci! Domani Gianfranco non deve andare in ufficio. Secondo me, ... girare a sinistra. Quando dovete partire per gli Stati Uniti? I ragazzi devono sempre tornare a casa presto.	+ infinito

3 a Completate le frasi con la forma corretta dei verbi tra parentesi.

1. Gianna e Matteo non __ __ __ __ __ ▇ __ partecipare alla gara di domani. *(potere)*
2. Sabato mattina __ __ __ __ __ ▇ __ __ andare in montagna. *(noi, volere)*
3. __ __ ▇ __ studiare molto per questo esame? *(tu, dovere)*
4. Perché non __ ▇ __ __ __ __ venire a Genova con noi? *(voi, potere)*
5. Dino e Lorenzo __ __ __ __ ▇ __ tornare a casa alle sei. *(dovere)*
6. Domani __ __ __ __ __ ▇ __ __ partire molto presto. *(noi, volere)*

b Adesso scrivete sotto le lettere delle caselle gialle e scoprite il nome di questa famosa piazza di Roma.

Piazza ☐ ☐ ☐ ☐ ☐ ☐

es. 8-9
p. 22

D   Dove abiti?

 1 Ascoltate due volte la telefonata tra Gianna e Lorenzo e rispondete alle domande.

1. Dove abita Lorenzo?
2. Com'è il suo appartamento?
3. Com'è l'appartamento di Gianna?
4. Chi paga di più d'affitto?

2 Leggete il dialogo e verificate le vostre risposte.

Lorenzo: Pronto, Gianna?

Gianna: Oh, ciao Lorenzo, come va?

Lorenzo: Bene. Senti, sei libera domani pomeriggio?

Gianna: Sì, perché?

Lorenzo: Vieni a vedere il mio appartamento nuovo?

Gianna: Sì, volentieri! Dov'è, in centro?

Lorenzo: No, in periferia, a San Siro, in via Gorlini 40.
Puoi arrivare in metro allo stadio e prendere l'autobus, il 64.

Gianna: Va bene: il 64 da San Siro. E poi?

Lorenzo: La seconda fermata è proprio sotto casa. Io abito al primo piano.

Gianna: Perfetto. E com'è questo nuovo appartamento?

Lorenzo: Mah... non è molto moderno, però è comodo e luminoso: un soggiorno grande, camera da
letto, cucina, bagno e un piccolo balcone.

Gianna: E quanto paghi di affitto?

Lorenzo: Eh... 600 euro...

Gianna: Beh, sei fortunato! Il mio è piccolo, al terzo piano senza ascensore e pago 500!

Lorenzo: Sì, ma il tuo è in centro! Allora... ci vediamo domani alle 6? Vieni con Michela?

Gianna: No, Michela è a Roma per lavoro, torna venerdì.

stadio San Siro, Milano

3 Rileggete il dialogo
e scrivete i nomi
delle stanze.

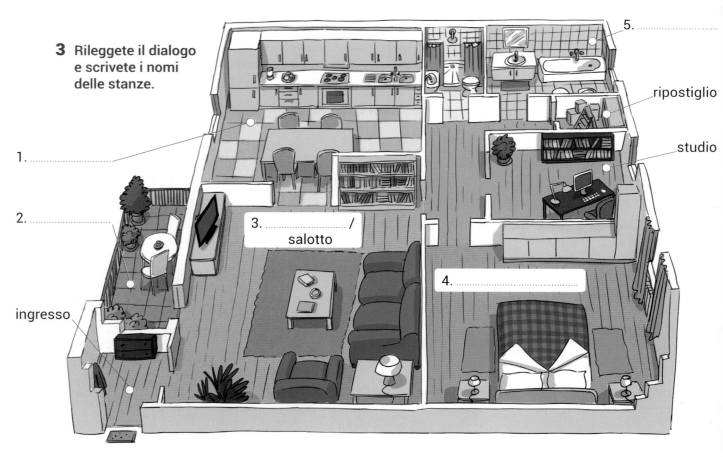

1. ....

2. ....

ingresso

3. .... /
salotto

4. ....

5. ....

ripostiglio

studio

4 Descrivete la vostra abitazione ideale (o l'appartamento dove abitate): dite dov'è, quante e quali
stanze ha, a quale piano è, se è grande o piccola, luminosa o no, moderna ecc.

50-60

5 Completate le tabelle con i numeri presenti nel dialogo D2.

I numeri da 30 a 2.000

30	trenta	300	trecento
31	trentuno	400	quattrocento
....	quaranta	....	cinquecento
50	cinquanta	....	seicento
60	sessanta	700	settecento
70	settanta	800	ottocento
80	ottanta	900	novecento
90	novanta	1.000	mille
100	cento	1.900	millenovecento
200	duecento	2.000	duemila

I numeri ordinali

1°	....
2°	secondo
3°	....
4°	quarto
5°	quinto
6°	sesto
7°	settimo
8°	ottavo
9°	nono
10°	decimo

> **Nota:** dall'*11* in poi tutti i numeri ordinali finiscono in *-esimo*: **undicesimo** (*Approfondimento grammaticale a pagina 198*).

es. 10
p. 22

E È in centro?

1 In coppia. Cercate le preposizioni nel dialogo D2 e completate la tabella.

Le preposizioni

vado/vengo	....	periferia, centro, città metro, autobus, macchina ufficio, agenzia, biblioteca vacanza, montagna Italia, Sicilia via, piazza
	a	Roma, vedere, studiare casa, piedi, teatro
	....	cinema, ristorante, mare, primo piano, lavoro
	da	Michela, un amico
	con	
vengo/parto	da	Firenze, Roma
parto	per	Venezia, gli Stati uniti
	in	aereo, autobus

2 Rispondete oralmente alle domande, come nell'esempio.

> Dove andate stasera? (cinema)

> Andiamo al cinema.

1. Con che cosa vai a Roma? (*aereo*)
2. Dove dovete andare domani? (*centro*)
3. Dove vanno i ragazzi a quest'ora? (*discoteca*)
4. Che fai adesso? Dove vai? (*casa*)
5. Da dove viene Lucio? (*Palermo*)
6. Dove va Franco? (*Antonio*)

es. 11-13
p. 23

F Quando sei libera?

1 Lavorate in coppia. Ascoltate il dialogo e scrivete gli impegni di Silvia per il 3, il 5 e il 6 del mese.

Osservate:

sabato mattina	lunedì = lunedì prossimo
oggi pomeriggio	il lunedì = ogni lunedì
domani sera	

2 Lavorate in coppia. Scrivete i vostri impegni sull'agenda. Poi il vostro compagno vi invita a fare qualcosa insieme. Rispondete come negli esempi.

Che ne dici di andare a mangiare una pizza?

Volentieri, quando?

Sei libero venerdì sera?

Sì. / No...

3 Parliamo e scriviamo

1. Hai abbastanza tempo libero o no? Perché?
2. Come passi il tuo tempo libero? Dove vai quando esci?

 40-50

3. Scrivi una lettera/mail a un amico per raccontare come passi il tuo tempo libero, come nell'esempio a destra.

Re: Novità

Irene Dalto <irene.dalto@gmail.com>

Re: Novità

Ciao Paolo,

come va? Io sto bene. Adesso, con il nuovo lavoro, ho più tempo libero. Vado spesso in palestra e ogni pomeriggio...

A presto!
Vincenzo

G Che ora è? / Che ore sono?

21 **1** Osservate gli orologi, poi ascoltate e indicate gli orari che sentite.

Sono le nove.   Sono le sei e trentacinque.   Sono le sette meno venti.   È l'una.

Sono le venti e quindici.   È mezzogiorno.   È mezzanotte.   Sono le otto e cinque.

2 Adesso completate la tabella.

.... l'una **e** dieci.
È mezzogiorno **meno** un quarto.
È mezzanotte **e** mezzo/a (trenta).

.... **le** quattro **meno** venti.
Sono .... dodici e cinque.
Sono le venti **e** trenta.

3 Disegnate le lancette degli orologi.

Sono le tre e venti.   Sono le otto meno un quarto.   È l'una e mezzo.   Sono le due meno cinque.

4 Leggete gli orari e fate dei mini dialoghi, come negli esempi.

8:40 ✶ 9:20
12:45 ✶ 13:30
15:35 ✶ 18:15
22:00 ✶ 20:30

Scusi, signora, che ore sono?

Sono le nove meno venti. / Sono le otto e quaranta.

Scusa, che ora è?

È l'una e mezzo.

5 Giocate in coppia. A turno, rispondete alla domanda "Che ore sono?", ma ogni volta aggiungete 15 minuti, come nell'esempio. Il primo che sbaglia perde!

Sono le due.

Adesso sono le due e un quarto.

Adesso...

es. 14-16 p. 24

Test finale
p. 180

I mezzi di trasporto urbano

1 **Leggete il testo e indicate le affermazioni corrette.**

> Nelle città italiane, i mezzi pubblici più usati sono l'autobus, il tram e, a Roma, Milano, Torino, Brescia, Genova, Napoli, anche la metropolitana.
>
> I passeggeri* possono comprare il biglietto in tabaccheria*, all'edicola, al bar o alle macchinette automatiche che sono nelle stazioni della metropolitana o ad alcune fermate dell'autobus. Inoltre, è possibile pagare l'abbonamento online o comprare il biglietto con il cellulare.
>
> I passeggeri dell'autobus e del tram devono convalidare (timbrare) il biglietto all'inizio della corsa. Le macchinette per la convalida del biglietto della metro sono nelle stazioni.

1. Hanno la metro
   - ☐ a. tutte le città italiane.
   - ☐ b. alcune città italiane.
   - ☐ c. solo Roma e Milano.

2. È possibile comprare il biglietto
   - ☐ a. in tabaccheria.
   - ☐ b. sulla metro.
   - ☐ c. al supermercato.

3. In genere, un passeggero dell'autobus deve convalidare il biglietto
   - ☐ a. prima di salire.
   - ☐ b. quando scende.
   - ☐ c. quando sale.

2 **Guardate le foto e fate il cruciverba. Poi, con le lettere delle caselle blu completate il nome di un mezzo di trasporto urbano... un po' speciale, perché si trova solo a Venezia!**

1. L
2.
3.
4. T _ Z
   A
5. _ I _
6.
7. O

V _ P _ _ _ _ _ O

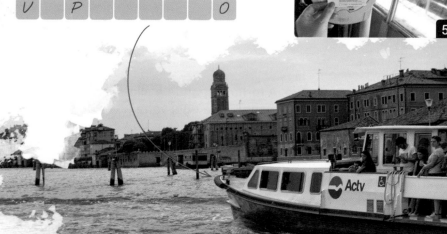

Glossario. *urbano*: della città; *passeggero*: persona che viaggia in autobus, in treno ecc.; *tabaccheria*: negozio che vende sigarette, biglietti e altri oggetti; *navigare su internet*: passare da un sito all'altro; *lettrice*: donna che legge.

Il tempo libero degli italiani

1 Leggete e abbinate i testi alle foto. 1. ☐ 2. ☐ 3. ☐ 4. ☐ 5. ☐ 6. ☐ 7. ☐ 8. ☐

1. Il 50% (per cento) degli italiani ama andare al cinema, il 20% va a teatro.

2. Il 46% dedica il proprio tempo soprattutto alla famiglia.

3. Il 29% fa sport, va in palestra, ama camminare, corre, va in bicicletta.

4. Il 54,7% degli italiani naviga su internet* o usa i social media.

5. Il 28,8% guarda la tv.

6. Il 27,6% legge. Ma la lettura è soprattutto femminile: le lettrici* sono il 37%, gli uomini il 20,8%.

7. Il 18% degli italiani fa lavori creativi, ad esempio giardinaggio.

8. Il 25% nel tempo libero preferisce stare con gli amici.

Parliamo

1. Come sono i mezzi di trasporto urbano del vostro Paese/della vostra città? Le persone usano più l'auto o i mezzi?
2. Quanto costano i biglietti dei mezzi pubblici nel vostro Paese?
3. Tu quale mezzo usi per andare al lavoro, a scuola ecc.? Perché?
4. Nel vostro Paese, cosa fanno le persone nel tempo libero? Le percentuali sono le stesse dell'Italia?

Attività online

Cosa ricordi delle unità 1 e 2?

1 Sai...? Abbina le due colonne.

1. invitare	☐ a. *Grazie, ma purtroppo non posso.*
2. dire l'ora	☐ b. *Andiamo insieme da Marco?*
3. accettare un invito	☐ c. *Ha due camere da letto, bagno e cucina.*
4. descrivere l'abitazione	☐ d. *Certo, perché no?*
5. rifiutare un invito	☐ e. *Sono le tre e venti.*

2 Abbina le domande alle risposte.

1. Di dove sei?	☐ a. *In via San Michele, 3.*
2. Quanti anni ha Paolo?	☐ b. *È molto simpatico.*
3. Dove abiti?	☐ c. *Di Roma.*
4. Che tipo è?	☐ d. *In un ufficio.*
5. Dove lavori?	☐ e. *18.*

3 Completa.

1. Quattro preposizioni: ....
2. Prima di *sabato*: ....
3. Dopo *sesto*: ....

4. La prima persona singolare di *volere*:
....
5. La prima persona plurale di *fare*:
....

4 Scopri, in orizzontale e in verticale, le sei parole nascoste.

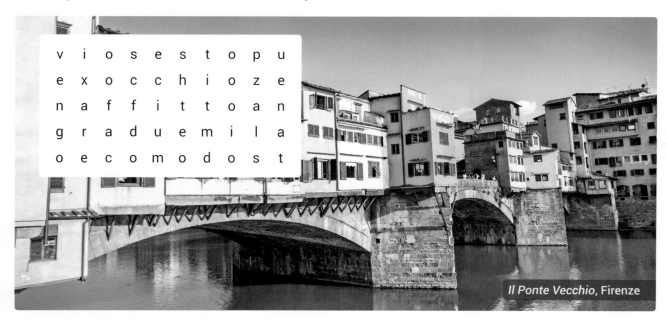

v	i	o	s	e	s	t	o	p	u
e	x	o	c	c	h	i	o	z	e
n	a	f	f	i	t	t	o	a	n
g	r	a	d	u	e	m	i	l	a
o	e	c	o	m	o	d	o	s	t

Il Ponte Vecchio, Firenze

Controlla le soluzioni a pagina 190. Sei soddisfatto/a?

Per cominciare...

1 Abbinate le parole alle immagini.

a. messaggio sul cellulare b. lettera
c. email d. social network
e. videochiamata f. pacco postale

2 Quale mezzo usate per comunicare...

1. ...in vacanza?
2. ...in situazioni formali?
3. ...con il vostro migliore amico?
4. ...in conversazioni di gruppo?
5. ...con un collega?

22 **3** Ascoltate il dialogo e indicate le affermazioni presenti.

☐ 1. Gianna non riesce a inviare un video.
☐ 2. Il server ha un problema.
☐ 3. Michela consiglia a Gianna di andare al bar.
☐ 4. Gianna non sa dov'è il bar Eden.
☐ 5. Lorenzo abita vicino all'università.

In questa unità impariamo...

- *i mezzi di comunicazione*
- *a chiedere e dare informazioni sull'orario*
- *a esprimere una quantità indefinita*
- *a esprimere dubbio*
- *a parlare di arredamento*

- *a localizzare oggetti*
- *a esprimere possesso*
- *a ringraziare e rispondere*
- *i mesi e le stagioni*
- *i numeri da 2.000 a 1 milione*

- *le preposizioni articolate*
- *l'articolo partitivo*
- *c'è, ci sono*
- *i possessivi (1)*

- *a scrivere una lettera, un'email*
- *il linguaggio dell'informatica*
- *alcuni numeri utili*

A   Puoi andare al bar Eden.

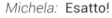 **1   Ascoltate e leggete il dialogo per verificare le vostre risposte all'attività precedente.**

Michela: Che succede?

Gianna: Voglio inviare un video a mia sorella, ma è impossibile!

Michela: Non è il tuo computer, c'è un problema con il server... fra un po' arriva il tecnico.

Gianna: Ah, e come faccio?

Michela: Mhm... Ho un'idea: durante la pausa pranzo puoi andare al bar Eden. C'è il wi-fi e... fanno dei panini buonissimi!

Gianna: Buona idea! È il bar accanto alla Posta, no?

Michela: Sì, quello.

Gianna: Perfetto! Ma che dico?! Non ho il mio tablet e poi all'una e un quarto ho appuntamento con Lorenzo davanti all'università...

Michela: Ah... ma lui ha sempre il portatile nello zaino, no? Bene... e il bar non è lontano dall'università.

Gianna: È vero! Posso incontrare Lorenzo al bar, così inviamo il video e mangiamo anche qualcosa.

Michela: Esatto!

Gianna: Mando subito un messaggio a Lorenzo! Grazie, Michela!

Michela: Figurati!

2 A coppie leggete il dialogo. Poi rispondete alle domande.

1. Qual è il problema di Gianna?
2. Perché Michela consiglia a Gianna di andare al bar Eden? Dov'è il bar Eden?
3. A che ora hanno appuntamento Gianna e Lorenzo?

3 Completate le frasi con: *al, all', dei, nello, alla*. Poi fate l'abbinamento come nell'esempio in blu.

1. Deve andare .... bar Eden.
2. È accanto .... Posta.
3. Fanno .... panini buonissimi.
4. Hanno appuntamento davanti .... università.
5. È .... zaino di Lorenzo.

☐ Gianna e Lorenzo
☐ il bar Eden
☐ il portatile
☐ al bar Eden
[1] Gianna

 4 Lavorate in coppia. Completate la tabella.

Le preposizioni articolate

a + il	=	....	in + il	=	nel	di + il	=	del
a + la	=	....	in + la	=	....	di + la	=	....
a + lo	=	allo	in + lo	=	....	di + lo	=	dello
a + i	=	ai	in + i	=	nei	di + i	=	....
a + le	=	....	in + le	=	nelle	di + le	=	....
a + gli	=	agli	in + gli	=	negli	di + gli	=	degli
a + l'	=	....	in + l'	=	nell'	di + l'	=	dell'

da + il	=	dal	su + il	=	sul
da + la	=	dalla	su + la	=	sulla
da + lo	=	....	su + lo	=	sullo
da + i	=	dai	su + i	=	....
da + le	=	dalle	su + le	=	sulle
da + gli	=	dagli	su + gli	=	sugli
da + l'	=	dall'	su + l'	=	sull'

Ma: Arriva **con il** treno delle otto. (*Nella lingua parlata anche col treno*)
Questa lettera è **per il** direttore.
Fra **gli** studenti c'è anche un brasiliano.

Dove vai?
(da /il medico)

Dal medico.

5 Rispondete alle domande come nell'esempio.

1. Da dove viene Alice?
   (*da/l'Olanda*)

2. Marta, dove sono i guanti?
   (*in/il cassetto*)

3. Di chi sono questi libri?
   (*di/i ragazzi*)

4. Dove sono le riviste?
   (*su/il tavolo*)

5. Vai spesso al cinema?
   (*una volta a/il mese*)

6. Sai dove sono le chiavi?
   (*in/la borsa*)

es. 1-4
p. 29

6 Osservate la tabella e poi scegliete l'alternativa corretta.

Va	**in** Italia,	**in particolare**	**nell'**Italia del Sud.
	in biblioteca,		**alla/nella** biblioteca comunale.
	a teatro,		**al** teatro Verdi.
	a scuola,		**alla** scuola media "G. Rodari".
	in banca,		**alla** Banca Commerciale.
	in ufficio,		**nell'**ufficio del direttore.
	in treno,		**con il** treno delle 10.

Di solito, per indicare un luogo o un mezzo determinato e non generico usiamo la preposizione:

☐ semplice   ☐ articolata

es. 5-8
p. 30

7 Guardate gli esempi e completate la tabella a pagina 47.

Mangio un panino. → Fanno *dei panini* buonissimi. = (alcuni panini)
Viene a cena un'amica. → Vengono a cena *delle amiche*. = (alcune amiche)

Il partitivo

un regalo	→	.... regali	=	*(alcuni regali)*
un amico	→	degli amici	=	*(alcuni amici)*
una ragazza	→	.... ragazze	=	*(alcune ragazze)*
ma anche:	"Vado a comprare **del** latte"	=	*(un po' di latte)*
	"Vado a comprare **dello** zucchero"	=	*(un po' di zucchero)*

8 Completate oralmente le frasi con il partitivo corretto e le parole date sotto le immagini.

1. Vado al panificio a comprare ...
2. Aspetto ... per andare a teatro.
3. Devo restituire ... in biblioteca.
4. Domani arrivano ... americani.
5. Chi vuole ...?

es. 9 p. 32

libri

pane

frutta

amiche

studenti

9 Giocate a coppie. L'insegnante dice una preposizione semplice e voi avete 30 secondi di tempo per scrivere, quando possibile, l'espressione giusta: preposizione + parola per le categorie date. Continuate con un'altra preposizione e così via: ogni parola giusta vale 1 punto! Vediamo quale coppia fa più punti!

luogo | mezzo | tempo

B A che ora?

23 **1** Ascoltate e abbinate i mini dialoghi alle foto. Attenzione: c'è una foto in meno.

a

b

c

2 Riascoltate i mini dialoghi e indicate le espressioni che sentite.

Apre alle 9. ☐   Dalle 9 alle 13. ☐   Chiude alle 13. ☐   Alle 10.15. ☐

Alle 14.45. ☐   Sono le cinque e mezza. ☐   Dalle tre alle cinque. ☐   Verso le 16. ☐

Fino alle 20. ☐   All'una e mezza. ☐   Dalle 9 alle 18. ☐   Verso l'una. ☐

 3 A turno, uno studente chiede al compagno:

- *a che ora esce di casa la mattina*
- *a che ora pranza/cena*
- *a che ora esce il sabato sera*
- *qual è il suo orario di lavoro*

e l'altro risponde alle domande.

4 Guardate le foto e dite a che ora aprono e chiudono i seguenti uffici e negozi in Italia.

a. farmacia   b. banca   c. biblioteca   d. ufficio postale

E nel vostro Paese a che ora aprono e chiudono?

es. 10-11
p. 32

 5 a In coppia mettete in ordine il dialogo.

☐ 1 *Mario:* C'è qualcosa di interessante in tv stasera?

☐ *Mario:* Probabilmente alle 9. Ma su quale canale?

☐ *Mario:* Andiamo da Stefano a vedere la partita?

☐ *Mario:* È vero! C'è Juve-Milan! Sai a che ora comincia?

☐ *Gianni:* Beh, è ancora presto, più tardi...

☐ 4 *Gianni:* Non sono sicuro. Forse alle 8... o alle 9?

☐ *Gianni:* Ma... non so! C'è una partita di calcio.

☐ *Gianni:* Penso su *Canale 5*.

b Adesso trovate nel dialogo le espressioni per completare la tabella.

Esprimere incertezza e dubbio

Ma... non so.	....
....	*Boh!*
....	*Non credo.*
....	*Ma... non sono sicuro.*

 6 A turno, uno studente chiede al compagno:

- *se vuole uscire domani*
- *a che ora pensa di tornare a casa*
- *quanto costa un caffè in Italia*
- *che regalo vuole per il suo compleanno*

e l'altro risponde con le espressioni dell'attività 5b.

 es. 12 p. 33

C Dov'è?

 1 Lavorate in coppia. Abbinate le frasi alle foto.

- [ ] 1. - Dove sono gli abiti? - Dentro l'armadio.
- [ ] 2. - Dov'è il televisore? - Accanto al camino.
- [ ] 3. - Il divano? - Davanti alla finestra.
- [ ] 4. - Dov'è la libreria? - È dietro la scrivania.
- [d] 5. - Le sedie? - Intorno al tavolo.
- [ ] 6. - Dove sono le maschere? - Sono sulla parete.
- [ ] 7. - Il tavolino? - Tra le poltrone.
- [ ] 8. - Dov'è il tappeto? - Sotto la lampada.
- [ ] 9. - Il quadro? - Sopra il camino.
- [ ] 10. - Dov'è la pianta? - Vicino alla poltrona.

2 Rileggete le prime tre frasi dell'attività C1 e completate con le parti in blu.

Dov'è il gatto?

.... scatola. .... scatola. .... scatola.

3 Osservate la foto e scegliete l'alternativa giusta.

1. Il tappeto è tra il / sotto il tavolino e il divano.
2. Il tavolino è dietro il / davanti al divano.
3. La lampada è intorno alla / dietro la poltrona.
4. La lampada è a sinistra della / sopra la finestra.
5. Sopra il / A destra del camino c'è uno specchio.
6. Sulle / Accanto alle poltrone ci sono dei cuscini.

4 Leggete le ultime due frasi dell'attività C3. Secondo voi, quando usiamo *c'è* e quando *ci sono*? Poi completate le frasi.

- Pronto! Buongiorno, signora Alessi! Sono Piero, ... Matteo?
- Buongiorno, Piero! No, Matteo non c'è. È ancora all'università.

- Piero, è vero che domani non .... treni?
- Sì, infatti, ... sciopero generale!

- Ciao, Paolo! Sei in ritardo, sai!
- Sì, lo so, ma oggi .... veramente molto traffico.

5 Osservate le immagini e dite quali differenze ci sono, come nell'esempio.

> Nell'immagine A c'è il camino, invece nella B non c'è.

A

B

es. 13-15
p. 33

D   Di chi è?

I possessivi (1)

1 Leggete il fumetto e completate la tabella.

io	il mio	la ....
tu	il .... amico	la .... rivista
lui/lei	il	la sua

I possessivi (2) nell'unità 6.

Di chi è questa rivista? È tua, Gino?

No, non è mia, ...è sua!

2 Completate le frasi.

1. Giulia, posso prendere il .... motorino domani?
2. Marta viene con il .... ragazzo stasera.
3. Non conosco bene Pietro, perciò non vado alla .... festa.
4. Quanto è bella la .... casa, Gianni! Quanto paghi di affitto?
5. In agosto vado per un mese da una .... amica in Sicilia.

3 Guardate le immagini e costruite delle frasi come nell'esempio.

La mia penna è blu.

penna / blu

regalo / bello

scrivania / vecchia

macchina / nuova

televisore / grande

ragazza / italiana

es. 16
p. 34

E Grazie!

 1 Ascoltate e abbinate i mini dialoghi alle foto.

a. • Scusi, signora, sa a che ora parte il treno?
   • Fra dieci minuti, credo.
   • Grazie mille!
   • Prego!

b. • Giulia, puoi prendere una delle due valigie?
   • Certo, nessun problema.
   • Grazie!
   • Figurati!

c. • Ecco gli appunti per il tuo esame.
   • Grazie tante, Silvia!
   • Di niente!

d. • Signora, sa a che ora apre il parco?
   • Dalle 10 alle 20, ma solo in estate, da giugno a settembre.
   • Grazie!
   • Non c'è di che!

1 ☐

2 ☐

3 ☐

4 ☐

2 Trovate nei mini dialoghi dell'attività E1 le espressioni per completare la tabella.

Ringraziare	Rispondere a un ringraziamento
Grazie! Ti ringrazio! / La ringrazio! (informale) (formale)	....

3 Adesso completate i mini dialoghi.

• Scusi, signore, sa dov'è la Banca Intesa?
• Sì, è in via Manzoni, accanto alla posta.
• ....
• ....

• Scusa, a che ora aprono i negozi oggi?
• ....
• ....
• Non c'è di che!

• ....?
• Sono le 9.
• Grazie!
• ....

• Scusi, quanto costa questo divano?
• 1200 euro.
• ....
• Di niente!

es. 17
p. 35

F Vocabolario e abilità

1 I mesi e le stagioni. Completate con i mesi dati a destra.

agosto × *dicembre*
aprile × *ottobre*

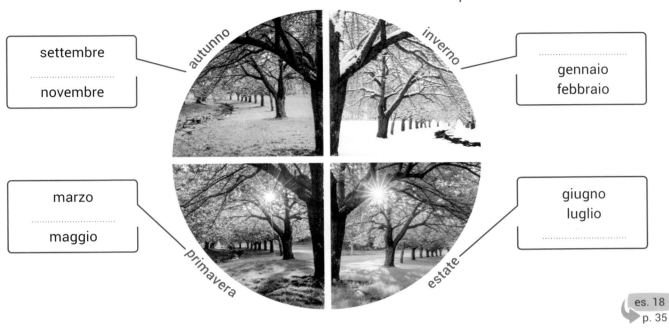

settembre
....
novembre

autunno

inverno

....
gennaio
febbraio

marzo
....
maggio

primavera

estate

giugno
luglio
....

es. 18
p. 35

2 I numeri da 1.000 a 1.000.000. Completate la tabella.

1.000	mille		....	diecimilacinquecento
....	millenovecentonovanta		505.000	cinquecentocinquemila
2.000	duemila		1.000.000	un milione
6.458	seimilaquattrocentocinquantotto		4.300.000	quattro milioni trecentomila

3 Date le informazioni richieste come nell'esempio.

1. L'anno della scoperta dell'America? (*1492*)
2. Gli abitanti di Roma? (*2.900.000*)
3. Il prezzo di uno scooter Aprilia? (*2.860 €*)
4. L'anno della tua nascita? (*...*)
5. Il costo di una villa sul lago di Como? (*3.470.000 €*)
6. Il prezzo dell'auto che vuoi comprare? (*43.900 €*)

Il prezzo del nuovo modello dell'Alfa Romeo? (29.500 €)

Ventinovemilacinquecento euro.

es. 19-21
p. 35

 4 Ascolto

Quaderno degli esercizi (p. 36)

 5 Scriviamo

Email, Facebook, Twitter, chat/messaggi, altro...: quale preferisci? Perché?

  Test finale
p. 181

Scrivere un'email o una lettera

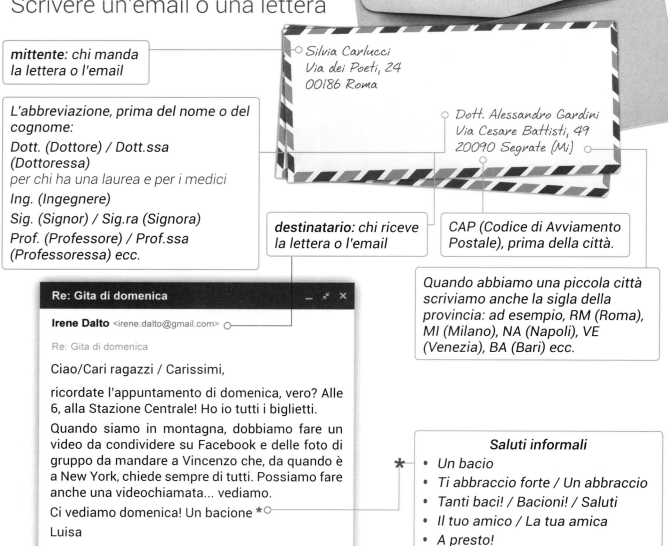

mittente: *chi manda la lettera o l'email*

Silvia Carlucci
Via dei Poeti, 24
00186 Roma

L'abbreviazione, prima del nome o del cognome:
Dott. (Dottore) / Dott.ssa (Dottoressa)
per chi ha una laurea e per i medici
Ing. (Ingegnere)
Sig. (Signor) / Sig.ra (Signora)
Prof. (Professore) / Prof.ssa (Professoressa) ecc.

Dott. Alessandro Gardini
Via Cesare Battisti, 49
20090 Segrate (Mi)

destinatario: *chi riceve la lettera o l'email*

CAP (Codice di Avviamento Postale), prima della città.

Quando abbiamo una piccola città scriviamo anche la sigla della provincia: ad esempio, RM (Roma), MI (Milano), NA (Napoli), VE (Venezia), BA (Bari) ecc.

Re: Gita di domenica _ ⌃ ✕

Irene Dalto <irene.dalto@gmail.com>

Re: Gita di domenica

Ciao/Cari ragazzi / Carissimi,

ricordate l'appuntamento di domenica, vero? Alle 6, alla Stazione Centrale! Ho io tutti i biglietti.

Quando siamo in montagna, dobbiamo fare un video da condividere su Facebook e delle foto di gruppo da mandare a Vincenzo che, da quando è a New York, chiede sempre di tutti. Possiamo fare anche una videochiamata... vediamo.

Ci vediamo domenica! Un bacione *

Luisa

Sans Serif ▾ ┬T ▾ B *I* U A ▾ ☰ ▾ ☷ ▾

Saluti informali
* *Un bacio*
* *Ti abbraccio forte / Un abbraccio*
* *Tanti baci! / Bacioni! / Saluti*
* *Il tuo amico / La tua amica*
* *A presto!*
* *Tuo/a..!*

Il linguaggio dei messaggi...

Oggi ragazzi e adulti usano sempre più servizi di messaggeria istantanea come WhatsApp e sempre meno gli sms. La comunicazione è più veloce ed esistono tipiche espressioni di italiano digitato.

1 Abbinate gli esempi di italiano digitato al loro significato.

a. cmq	☐	1. ti amo tanto
b. grz	☐	2. per
c. pfv	☐	3. comunque
d. tvb	☐	4. perché
e. x	☐	5. grazie
f. tat	☐	6. per favore
g. xké	[d]	7. ti voglio bene

Carrier 📶   9:01 AM   🔋⚡
< 2 👤 Gianna   📹   📞

Michela, prendo un 🍔 anche x te? ✓✓

Grz!!! ✓✓

... e dell'informatica

Nel campo della tecnologia, gli italiani usano generalmente le espressioni inglesi come *account*, *file*, *link*, *password*... Alcune parole, però, esistono anche in italiano.

2 Scrivete le parole italiane sotto i simboli corrispondenti.

faccina ✕ *cliccare* ✕ *condividere* ✕ *caricare* ✕ *cartella* ✕ *scaricare*
sito internet ✕ *chattare*

....

....

Telefonare in Italia

Per telefonare dall'estero in Italia, bisogna fare lo 0039, il prefisso della città e il numero della persona desiderata. Naturalmente, per chiamare un numero cellulare non facciamo il prefisso della città.

Come in tutti i Paesi, anche in Italia ci sono alcuni **numeri utili** sia ai cittadini italiani che ai turisti. Il più importante è il 112, il numero per le emergenze valido in tutta Europa, che in Italia corrisponde ai Carabinieri.

Alcuni numeri utili in Italia

Prefissi di alcune città italiane

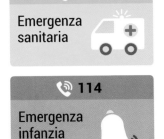

Roma 06
Milano 02
Napoli 081
Firenze 055
Palermo 091
Venezia 041

1 Rispondete alle domande.

1. Qual è il numero per chiamare l'ambulanza in Italia?
2. Qual è il prefisso internazionale per chiamare nel tuo Paese?
3. Quali sono i tre numeri di emergenza più importanti nel tuo Paese?

Attività online

Che cosa ricordi delle unità 2 e 3?

1 Sai...? Abbina le due colonne.

1. chiedere l'ora
2. esprimere incertezza, dubbio
3. rispondere a un ringraziamento
4. chiudere una lettera
5. ringraziare

- a. *Grazie tante, Silvia!*
- b. *Forse vengo anch'io.*
- c. *Ma figurati!*
- d. *Scusi, che ore sono?*
- e. *Tanti saluti!*

2 Abbina le frasi.

1. Vuoi venire con noi al cinema?
2. Quando posso trovare il medico?
3. Dov'è il bagno?
4. Com'è la casa di Stella?
5. Ti ringrazio!

- a. *Non c'è di che.*
- b. *Bella, grande e luminosa.*
- c. *Ogni giorno dalle 10 alle 18.*
- d. *Sì, volentieri!*
- e. *Accanto alla camera da letto.*

3 Completa.

1. Due mezzi di trasporto urbano: ....
2. Dopo *dicembre*: ....
3. Il contrario di *sotto*: ....
4. La prima persona singolare di *tenere*: ....
5. La prima persona plurale di *volere*: ....

4 In ogni gruppo trova la parola estranea.

1. email | festa | videochiamata | lettera
2. appartamento | piano | intorno | affitto
3. mese | stagione | anno | mezzogiorno
4. mittente | cellulare | telefonare | prefisso
5. armadio | tavolo | poltrona | soggiorno

Controlla le soluzioni a pagina 190.
Sei soddisfatto/a?

Piazza del Campo, Siena

Buon fine settimana! Unità 4

Per cominciare...

1 Che cosa preferite fare il fine settimana?

Nel fine settimana preferisco...

☐ fare sport
☐ riordinare la casa
☐ prendere un caffè al bar con gli amici

☐ dormire tutto il giorno
☐ fare una gita
☐ uscire con la mia famiglia
☐ andare in giro per negozi

☐ visitare un museo
☐ mangiare una pizza in compagnia
☐ altro...

2 Adesso confrontatevi con due compagni. Fate le stesse cose nei fine settimana?

26 3 Ascoltate il dialogo e indicate sulle locandine dove sono andati Lorenzo (L) e Chiara (C).

26 4 Ascoltate di nuovo il dialogo e indicate l'affermazione giusta.

1. Lorenzo sabato è uscito: ☐ a. con Gianna ☐ b. con gli amici ☐ c. con Chiara

2. Chiara è rimasta a casa: ☐ a. sabato ☐ b. domenica ☐ c. il fine settimana

In questa unità impariamo...

- a parlare di cosa facciamo durante il fine settimana
- a raccontare al passato
- a situare un avvenimento nel passato
- a chiedere e dire una data
- a ordinare al bar
- a esprimere preferenza

- il participio passato: verbi regolari e irregolari
- il passato prossimo
- l'avverbio ci
- l'uso degli avverbi con il passato prossimo
- i verbi modali al passato prossimo

- come passano il fine settimana gli italiani
- come sono i bar in Italia e come bevono il caffè gli italiani

A   Come hai passato il fine settimana?

1 Leggete il testo per verificare le vostre risposte all'attività precedente.

Chiara: Buongiorno Lorenzo, come va?

Lorenzo: Non c'è male, grazie. E tu?

Chiara: Abbastanza bene. Allora? Come hai passato il fine settimana?

Lorenzo: Mah... bene, devo dire.

Chiara: Racconta, dai!

Lorenzo: Allora... sabato sono andato al cinema con Gianna. Prima, però, abbiamo mangiato qualcosa al bar accanto... che ridere!

Chiara: Per il film? Una commedia?

Lorenzo: No, non per il film, al bar! Il cameriere ha portato l'ordine sbagliato o forse noi abbiamo fatto confusione...

Chiara: Davvero? E domenica?

Lorenzo: ...Domenica pomeriggio sono uscito con due amici dell'università. Prima abbiamo fatto un giro in centro e poi siamo andati al Pizza Festival: un sacco di gente!

Chiara: Pizza Festival?

Lorenzo: Sì, abbiamo provato tante pizze diverse. E tu, che cosa hai fatto di bello? Hai visto la mostra su Botticelli alla fine?

Chiara: Purtroppo no. Il museo chiude alle 19 e sono arrivata tardi.

Lorenzo: Peccato! E allora?

Chiara: Eh, niente, sabato sera sono rimasta a casa. Domenica invece sono stata a un concerto con Michela. Bellissimo! Abbiamo ballato tanto.

Lorenzo: Bene! Senti, ...andiamo a mangiare qualcosa? Ah, conosco un bar dove il cameriere sbaglia tutto!

2 In coppia. Leggete il dialogo: uno di voi è Chiara e l'altro Lorenzo.

3 Rispondete alle domande.

1. Con chi è uscito domenica Lorenzo?
2. Dov'è andato Lorenzo domenica?
3. Perché Chiara non ha visto la mostra su Botticelli?
4. Che cosa ha fatto Chiara domenica sera?

4 Leggete il riassunto del dialogo e completate con i verbi dati, come nell'esempio in blu.

usciti × *mangiato* × *fatto* × *andati* × *state*
visto × *provato* × *ballato*

Sabato pomeriggio Lorenzo e Gianna sono ___usciti___ (1) insieme.
Prima hanno _____ (2) qualcosa al bar e poi sono _____ (3) al cinema.
Domenica Lorenzo ha _____ (4) una passeggiata in centro con due amici e poi ha _____ (5) diverse pizze al Pizza Festival.
Sabato Chiara non ha _____ (6) la mostra su Botticelli. Domenica lei e Michela sono _____ (7) a un concerto e hanno anche _____ (8).

5 Osservate le parole in blu: sono verbi al passato prossimo che usiamo per raccontare fatti al passato.

Passato prossimo

Come hai passato il fine settimana?	Sono uscito con due amici.
Ho mangiato un gelato.	Siamo andati al Pizza Festival.
Ha ricevuto una telefonata.	Siamo state a un concerto.

Adesso completate la regola.

Passato prossimo

presente del verbo avere o _____ + **participio passato**
mangiare → mangi___
ricevere → ricevuto
uscire → usc___

6 a Completate la tabella con: *ato*, *uto*, *ito*.

Passato prossimo con avere

Ho	vend..........	la vecchia casa.
Hai	dorm..........	molte ore domenica?
Ha	parl..........	di Michela a Lorenzo.
Abbiamo	av..........	molta fortuna.
Avete	cap..........	quando usiamo il passato prossimo?
Hanno	mangi..........	la pasta o la pizza?

b Mettete in ordine le parole per ricostruire le frasi. La prima parola è in blu.

1. visitato / ieri / San Pietro. / abbiamo

    ....

2. fino alle / lavorato / Carla / cinque. / hanno / Pina / e

    ....

3. bar. / ho / cornetto / al / stamattina / mangiato / un

    ....

4. lavorare / ha / Stefano / di / tardi. / finito

    ....

5. la / venduto / macchina. / sua / ha / Giulia

    ....

es. 1-2
p. 39

7 a Completate la tabella con la forma corretta dei participi passati dati, come nell'esempio. Attenzione al soggetto della frase.

Passato prossimo con essere

Io sono	....	a teatro due giorni fa.	entrato/entrata
Matilde, sei già	tornata	dal lavoro?	saliti/salite
Roberto è	....	in un negozio.	andato/andati
Io e mio fratello siamo	....	un mese fa.	usciti/uscite
Ragazze, siete	....	l'altro ieri?	tornato/tornata
Lorenzo e Livia sono	....	al quarto piano.	partiti/partite

b Completate le frasi con il passato prossimo dei verbi tra parentesi.

1. L'estate scorsa io e la mia famiglia .... (*andare*) ad Amalfi.
2. Ieri sera Patrizia non .... (*uscire*) di casa.
3. Stella e Luca .... (*partire*) per la Germania un anno fa.
4. A che ora .... (*tornare*) ieri notte, Carla?
5. .... (io, *arrivare*) a lezione alle 9.

es. 3-4
p. 39

Amalfi

B Ma che cosa è successo?

1 Il 12 dicembre hanno rubato tre computer all'università. La polizia interroga gli studenti: *A* è il poliziotto che fa delle domande, *B* è uno studente, Luigi.

A può usare queste domande: *Cosa ha fatto alle... ? / Poi, a che ora... ? / Con chi è andato... ?*

B guarda l'agenda e risponde alle domande.

2 Osservate questi verbi: *"Con chi è andato...?", "A che ora ha mangiato?"*.
Secondo voi, quando usiamo *essere* e quando usiamo *avere* per formare il passato prossimo?

Completate la tabella con i verbi: *mangiare, andare, restare*.

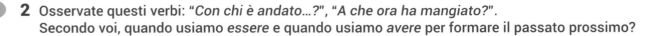

Essere o avere?

a. Formano il passato prossimo con **essere**:

1. verbi di movimento: ...., *entrare, partire, tornare, uscire, venire* ecc.
2. verbi di stato: ...., *rimanere, stare* ecc.
3. alcuni verbi che non hanno un oggetto (intransitivi): *essere, nascere, piacere, succedere* ecc.

b. Formano il passato prossimo con **avere**:

1. i verbi che possono avere un oggetto (transitivi): *avere molti amici, bere un caffè, chiamare Gianna,* .... *un panino* ecc.
2. alcuni verbi intransitivi: *camminare, dormire, lavorare* ecc.

La tabella completa è nell'Approfondimento grammaticale a pagina 203.

es. 5-6 p. 40

3 Leggete ora l'intero dialogo tra Luigi e l'agente di polizia.

agente: Cosa ha fatto il 12 dicembre?

Luigi: Se ricordo bene... quel giorno sono arrivato presto all'università... verso le 10... ma sono subito entrato nell'aula per la lezione.

agente: E poi?

Luigi: Dopo la lezione ho chiacchierato un po' con gli altri studenti del corso e poi sono andato alla mensa.

agente: Da solo?

Luigi: No, ci sono andato con Gino! Però... prima ho incontrato il professor Berti.

agente: Hmm, poi cosa ha fatto?

Luigi: Dopo che abbiamo finito di mangiare, io sono andato al bar per incontrare Nina, la mia ragazza. Abbiamo bevuto un caffè e dopo un'ora e mezza circa, cioè verso le cinque, sono andato dal dentista. Poi sono tornato a casa.

agente: E dopo, cos'è successo dopo?

Luigi: Mah, niente di speciale... ho studiato un po' e più tardi è venuta anche Nina. Abbiamo ordinato una pizza, abbiamo guardato la tv, abbiamo parlato un po' e alla fine siamo andati a dormire.

4 Guardate i disegni e usate le espressioni della tabella per raccontare un'altra giornata di Luigi.

Raccontare

all'inizio... / per prima cosa...	*prima... / prima di mangiare...*
dopo le due...	*poi... / dopo...*
più tardi...	*così... / alla fine...*

telefonare / Nina

incontrare / Nina / università

andare / bar

mangiare / mensa

tornare / casa

andare / palestra

es. 7
p. 41

5 Che cosa sostituisce "ci" in questa frase di Luigi?
Consultate anche l'Approfondimento a pagina 205.

No, ci sono andato con Gino!

es. 8
p. 41

6 a Osservate "cosa ha *fatto*?", "abbiamo *bevuto*", "è *venuta* anche Nina": qual è l'infinito di questi verbi?

b Lavorate in coppia. Collegate gli infiniti ai participi passati.

Participi passati irregolari

dire	*(ha)* **letto**	chiedere	*(ha)* **chiesto**
fare	*(ha)* **scritto**	rispondere	*(è)* **rimasto**
leggere	*(ha)* **fatto**	vedere	*(ha)* **risposto**
scrivere	*(ha)* **detto**	rimanere	*(ha)* **visto**
chiudere	*(ha)* **chiuso**	conoscere	*(ha)* **bevuto**
prendere	*(ha)* **preso**	vincere	*(è)* **piaciuto**
aprire	*(ha)* **offerto**	piacere	*(ha)* **conosciuto**
offrire	*(ha)* **aperto**	bere	*(ha)* **vinto**
venire	*(è)* **stato**	mettere	*(ha)* **messo**
essere/stare	*(è)* **venuto**	succedere	*(è)* **successo**

La lista completa dei participi passati irregolari è nell'Approfondimento grammaticale a pagina 204.

7 A turno, uno studente chiede al compagno:

1. In quale città Romeo (*conoscere*) Giulietta?
2. Chi (*scrivere*) la Divina Commedia?
3. Che cosa (tu, *fare*) lo scorso fine settimana?
4. Qual è l'ultimo film che (tu, *vedere*) al cinema?
5. Quale squadra (*vincere*) gli ultimi mondiali di calcio?
6. Quante volte (tu, *essere*) in Italia?

Il balcone di Giulietta, Verona

8 Specchio

- *A*, in piedi, mima senza parlare uno dei verbi dati sotto.
- *B*, a libro chiuso, ripete esattamente quello che fa *A* (come uno specchio, appunto) e poi dice di quale verbo si tratta. Dice anche il participio passato del verbo.
- Poi i ruoli cambiano. Ognuno mima almeno 4 verbi.

scrivere | suonare | cantare | chiudere | ascoltare | scendere
vedere | leggere | dormire | mangiare | uscire | bere

es. 9-10
p. 42

C   Un fine settimana al museo

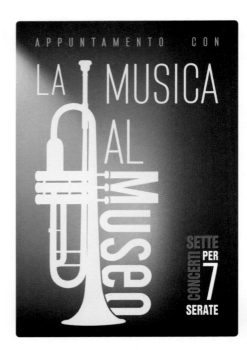

1 Leggete il testo e rispondete alle domande.

Sardegna: sette appuntamenti musicali

Il museo della città di Sassari ha pubblicato il programma di "Musica al Museo", il progetto che è iniziato solo due anni fa, ma che è già diventato un appuntamento fisso per il pubblico della città sarda. Infatti, ogni anno, da gennaio a marzo, il Museo ospita artisti locali e internazionali e propone concerti jazz, folk, blues e di musica classica.

Come l'anno scorso, il primo ospite è Francesco Manara, violinista che ha vinto molti premi internazionali e che alcuni anni fa è diventato primo violino del Quartetto d'Archi della Scala.

Appuntamento sabato sera alle 21 al Museo!

adattato da *www.sardegnadies.it*

1. Quando e dove è iniziato il progetto "Musica al Museo"?
2. Quanto tempo dura l'evento?
3. Che tipo di concerti ospita il museo?
4. Quando Manara è diventato primo violinista del Quartetto d'Archi della Scala?

2 Rileggete il testo e completate la tabella con le espressioni in blu.

Quando?

un'ora fa / tre giorni fa / .... / ....
martedì scorso / la settimana scorsa / il mese scorso /
nel dicembre scorso / l'estate scorsa / ....

		Data precisa
giorno:	parte / è partito	il 18 gennaio / giovedì scorso
	parte	il 20 marzo / domenica prossima
mese:	è tornato	**nel** novembre scorso
	torna / è tornato	**a** / **in** giugno, settembre
anno:	è nato	**nel** 2002, **a** febbraio
		nel febbraio **del** 2002

es. 11
p. 43

3 Sei *A*: chiedi al tuo compagno quando:

Sei *B*: rispondi alle domande di *A*.

- è nato
- è stata l'ultima volta che è andato in vacanza
- ha finito la scuola (elementare)
- ha cominciato a studiare l'italiano

Alla fine *A* deve riferire al resto della classe le risposte di *B* ("è nato nel..." ecc.).

4 A coppie. Osservate questi avvenimenti e scambiatevi informazioni come nell'esempio.

Quando è morto Fellini?

Nel 1993.

Quando... ? In che anno... ? Cosa è successo nel... ?

maggio 2013

esce il film di Paolo Sorrentino, *La grande bellezza*

1° luglio 2017 Vasco Rossi stabilisce il nuovo record mondiale: 220.000 spettatori al suo concerto

1853

Giuseppe Verdi scrive *La traviata*

1905

Guglielmo Marconi inventa la radio

ottobre 2011

Elena Ferrante pubblica *L'amica geniale*

2 giugno 1946

l'Italia diventa una Repubblica

5 a Nel testo dell'attività C1 abbiamo visto "è *già* diventato un appuntamento fisso". Osservate nella tabella la posizione degli avverbi.

Avverbi con il passato prossimo

Eugenio		è	sempre	*stato*	gentile con me.
Rita,		*hai*	già	*finito*	di studiare?
Gianluca		è	appena	*uscito*	di casa.
Lei		*ha*	mai	*parlato*	di questa cosa.
Dora	*non*	è	ancora	*arrivata*	in ufficio.
Alfredo		*ha*	più	*detto*	niente.

5 b Adesso scegliete l'avverbio giusto.

1. A Claudia non piace ballare. Non è mai / appena stata in una discoteca!
2. Federico non ha ancora / sempre preso la patente.
3. Ho mai / già chiamato il dottore: arriva fra 30 minuti.
4. Luca ha sempre / mai detto la verità.
5. Sono appena / più tornata da una lunga vacanza.
6. Non ho più / appena visto Luisa dopo la fine del liceo.

es. 12 p. 43

D Per me, un panino.

1 Ascoltate il dialogo senza leggere il testo e mettete in ordine le illustrazioni.

Nadia: Allora? Cosa prendiamo? Io un caffè.

Claudio: Non so... io ho un po' di fame. ...Scusi, possiamo avere il listino?

cameriere: Ecco a voi!

Claudio: Grazie! Vediamo...

Silvia: Io so già cosa prendo... vorrei un tramezzino e una fetta di torta al cioccolato.

Nadia: Ma come?! Hai fame a quest'ora?!

Silvia: Sì, non ho potuto pranzare oggi. Tu, Claudio... hai deciso?

Claudio: Mah, non so... prendo anch'io un tramezzino. No, anzi, meglio se prendo un cornetto...

cameriere: Allora, cosa prendete? Avete già deciso?

Nadia: Sì, dunque... un tramezzino...

Silvia: Prosciutto e formaggio.

Nadia: ...e una fetta di torta al cioccolato per lei, un caffè macchiato per me e una bottiglia di acqua minerale naturale. Claudio, tu alla fine cosa prendi?

Claudio: Per me, un panino con prosciutto crudo e mozzarella e una lattina di Coca Cola.

cameriere: D'accordo, grazie!

Silvia: Claudio!? Certo che sei proprio un tipo deciso!

2 Ascoltate di nuovo il dialogo e rispondete.

a. Cosa hanno preso le due ragazze?

b. Cosa ha preso Claudio?

3 In coppia, leggete il dialogo di pagina 66 e dopo il listino. Quanto hanno pagato i ragazzi?

caffé

caffè	**1**,10
caffè corretto	**1**,30
caffè decaffeinato	**1**,30
cappuccino	**1**,50
caffellatte - latte	**1**,50
tè - tisane	**2**,00
cioccolata in tazza - con panna	**2**,70
tè freddo	**2**,70

panini - tramezzini

panino: crudo & mozzarella	**5**,20
panino: pomodoro & mozzarella	**5**,20
tramezzini	**1**,50
toast	**4**,00
pizzette	**2**,00

aperitivi

analcolico	**3**,50
spritz	**4**,00

bibite

bibite in lattina	**3**,00
bibite in bottiglia	**3**,00
spremuta d'arancia	**3**,50
succhi di frutta	**2**,50
birra alla spina piccola	**3**,30
birra alla spina media	**5**,20
acqua bottiglia piccola	**1**,50
acqua bottiglia grande	**2**,50

dolci - gelati

cornetto	**1**,50
torta al cioccolato	**3**,00
tiramisù	**4**,00
panna cotta	**3**,00
coppetta gelato	**2**,00/ **4**,00

4 Guardando il listino e la tabella che segue, drammatizzate un dialogo tra due persone che entrano in un bar e decidono di bere e mangiare qualcosa.

Ordinare

Cosa prendi?	*Per me un... / Io prendo...*
Cosa prendiamo?	*Preferisco il tè al caffè...*
Vuoi bere qualcosa?	*Io ho fame: vorrei un panino...*
	Ho sete: vorrei bere qualcosa...

es. 13-14 p. 43

5 Osservate e completate la tabella con: *sono, ha, ho, sei, ho, è*.

Passato prossimo dei verbi modali

Non .... preso il caffè.	➔ Non ho voluto prendere il caffè.
Perché sei venuto in questo bar?	➔ Perché .... voluto venire in questo bar?
Non ho pranzato oggi.	➔ Non .... potuto pranzare oggi.
Ieri .... andato alla festa di Luigi.	➔ Ieri sono potuto andare alla festa di Luigi.
Irene .... fatto la spesa.	➔ Irene ha dovuto fare la spesa.
Irene è partita da sola.	➔ Irene .... dovuta partire da sola.

Quando usiamo il verbo *avere* e quando il verbo *essere* con i modali? Consultate anche l'Appro-fondimento grammaticale a pag. 205.

6 Leggete le frasi e mettete i verbi alla forma giusta, come nell'esempio.

Ieri (io, *dovere lavorare*) molte ore. ➔ *Ieri, ho dovuto lavorare molte ore.*

1. Non (io, *volere comprare*) una macchina di seconda mano.
2. Alla fine, (noi, *dovere tornare*) a casa da sole.
3. Signora Pertini, come (*potere mandare*) una mail così scortese?
4. Daniele, anche se molto stanco, (*volere continuare*) a giocare.
5. Maurizio non (*potere partire*) a causa di uno sciopero.

es. 16-17
p. 45

E Abilità

 1 Ascolto Quaderno degli esercizi (p. 44)

2 Parliamo

1. Vi piace il caffè? Qual è il vostro caffè preferito? Quanti caffè bevete al giorno e quando?
2. Quanti tipi di caffè conoscete? Potete spiegare le differenze che ci sono?
3. Nel vostro Paese, quanto costa un caffè al bar?

es. 15, 18-21
p. 46

 3 Scriviamo

Scrivi un'e-mail a un amico italiano: saluta e racconta come hai passato il fine settimana.

  Test finale

p. 182

Come hai passato il fine settimana?

Leggete il testo e indicate le affermazioni esatte.

Con questa domanda inizia il lunedì in ufficio o a scuola. Cosa fanno gli italiani il sabato e la domenica e che cosa raccontano ai colleghi?

Il sabato, di solito, fanno la spesa* e spesso fanno tardi perché la domenica possono dormire di più: escono per bere un aperitivo, per cenare al ristorante, per andare a ballare.

La domenica è il giorno che gli italiani dedicano alla casa o agli interessi personali: fare sport, leggere un libro, guardare la tv, usare i social media, stare con gli amici. Per molti la domenica è anche il giorno per fare una gita, al mare o in montagna, o per visitare un museo o una città d'arte*.

Ma che cosa raccontano gli italiani ai loro colleghi? Secondo una ricerca di *lastminute.com* gli italiani non dicono sempre la verità! Infatti, a volte preferiscono raccontare ai colleghi cose che non hanno fatto per avere qualcosa da dire il lunedì mattina o perché, secondo loro, fanno sempre le "solite cose".

Glossario. *fare la spesa*: comprare prodotti al supermercato; *città d'arte*: città che ha molti monumenti e musei.

1. Per gli italiani il fine settimana è un'occasione per
   - ☐ a. finire un lavoro in ufficio.
   - ☐ b. vedere gli amici.
   - ☐ c. fare un viaggio all'estero.

2. La domenica, gli italiani
   - ☐ a. guardano la tv o leggono un libro.
   - ☐ b. fanno una gita e puliscono la casa.
   - ☐ c. fanno sport o vanno a ballare.

3. Il lunedì mattina, gli italiani quando parlano con i colleghi di quello che hanno fatto nel weekend
   - ☐ a. non dicono mai la verità.
   - ☐ b. dicono sempre la verità.
   - ☐ c. non dicono sempre la verità.

Il bar italiano

Sono molti gli italiani che ogni giorno entrano in un bar. Alcuni prendono solo un caffè al banco e, prima di ordinare, "fanno lo scontrino", cioè vanno alla cassa a pagare. Altri rimangono un po' di più perché fanno colazione con cappuccino e cornetto. Altri ancora mangiano un'insalata durante la pausa pranzo, prendono un dolce e un caffè nel pomeriggio, bevono un aperitivo con gli amici prima di cena.

I bar sono accoglienti* e pieni di vita: sono il luogo d'incontro* delle persone. Quelli in piazza sono ancora più belli: se c'è il sole, i tavolini sono pieni di clienti*.

"Un caffè!"

Con la parola "caffè" gli italiani si riferiscono quasi sempre all'espresso o al caffè fatto a casa con la moka.

La moka è la caffettiera del 1933 di Alfonso Bialetti: un esempio di design industriale italiano, presente al museo di arte contemporanea di New York.

Nei primi anni del '900, con l'invenzione della macchina per il caffè da bar, il caffè espresso (nome che sottolinea la velocità nella preparazione, ma anche nella... consumazione) diventa un simbolo dell'Italia.

Oltre all'espresso, esistono vari tipi di caffè: **macchiato** (con poco latte), **lungo** (tazzina quasi piena, sapore più leggero); **ristretto** (meno acqua, sapore forte); **corretto** (con un po' di liquore). Inoltre, a casa gli italiani fanno spesso colazione con il **caffellatte** (latte caldo e pochissimo caffè).

L'altra bevanda italiana famosa nel mondo è il **cappuccino**, che ha preso il nome dal colore degli abiti dei frati cappuccini. Un consiglio: dopo pranzo chiedete un espresso e non un cappuccino... che in Italia beviamo soltanto la mattina!

Caffè, che passione!

Leggete il grafico
e completate
la tabella come
nell'esempio.

Quanto?

58% 1 o 2 tazzine

37% 3 o 4 tazzine

5% 5 o più tazzine

Quando?

77% Mattina appena svegli

42% Metà mattina

49% Pomeriggio

19% Dopo cena

3% Notte

CONSUMO QUOTIDIANO DI CAFFÈ ESPRESSO

I numeri del caffè

Il .... degli italiani beve una tazzina di caffè al giorno.

Il .... degli italiani prende il caffè nel pomeriggio.

Il .... degli italiani beve tre tazzine di caffè al giorno.

Il _77%_ degli italiani beve il caffè appena si sveglia.

Il .... degli italiani beve cinque tazzine di caffè al giorno.

Il .... degli italiani prende il caffè anche dopo cena.

Il .... degli italiani beve il caffè anche di notte.

Il .... degli italiani prende il caffè a metà mattina.

Attività online

Glossario. *accogliente*: piacevole, confortevole; *luogo d'incontro*: posto dove le persone vanno per parlare, comunicare, socializzare e, in questo caso, anche per bere qualcosa; *cliente*: persona che compra un prodotto o un servizio.

Che cosa hai imparato nelle unità 3 e 4?

1 Sai...? Abbina le due colonne.

1. esprimere incertezza
2. ordinare al bar
3. dire una data
4. localizzare nello spazio
5. raccontare

a. *Un cornetto, per favore.*
b. *Sono nato nel 1998.*
c. *È in salotto, sul tavolino.*
d. *All'inizio siamo andati a mangiare, poi...*
e. *Mah... non sono sicuro.*

2 Abbina le frasi.

1. Quando sei venuto in Italia?
2. Scusi, quanto costa?
3. Cosa prendi?
4. Pronto?
5. Grazie mille!

a. *Per me un caffè lungo, grazie.*
b. *Ma figurati!*
c. *Posso parlare con Marco?*
d. *Nel maggio scorso.*
e. *Con lo sconto, 90 euro.*

3 Completa.

1. Due tipi di caffè espresso: ....
2. In genere non si beve dopo un pasto: ....
3. Il participio passato del verbo *bere*: ....
4. Il passato prossimo di *rimanere* (prima persona singolare): ....
5. L'ausiliare di molti verbi di movimento: ....

4 Scopri, in orizzontale e in verticale, le otto parole nascoste.

E	S	U	C	C	E	S	S	O	T
T	O	L	I	P	E	T	B	L	A
T	P	I	A	Z	Z	A	E	E	V
Y	R	S	G	I	U	G	N	O	O
N	A	T	T	U	F	E	T	A	L
A	T	I	R	E	Z	L	O	S	I
P	A	N	I	N	O	D	U	M	N
U	V	O	G	E	L	A	T	I	O

Piazza di Spagna, Roma

Controlla le soluzioni a pagina 190.
Sei soddisfatto/a?

Per cominciare...

1 Scoprite qual è la vostra vacanza ideale con un test: rispondete alle domande e poi leggete il risultato.

1 Preferisco:
a.	fare shopping	
b.	camminare	
c.	prendere il sole	

2 Amo viaggiare:
a.	in coppia	
b.	in gruppo	
c.	da solo	

3 In vacanza preferisco:
a.	visitare un museo	
b.	passeggiare nella natura	
c.	dormire	

4 Preferisco viaggiare in:
a.	autunno-inverno	
b.	primavera	
c.	estate	

5 Preferisco prendere:
a.	l'aereo	
b.	la nave	
c.	la macchina	

6 In valigia porto sempre:
a.	le scarpe eleganti	
b.	un ombrello	
c.	gli occhiali da sole	

7 Preferisco dormire in:
a.	hotel	
b.	campeggio	
c.	appartamento	

- *Più risposte A: ami le città d'arte, visitare musei e scoprire nuovi Paesi.*
- *Più risposte B: ti piace l'avventura. La tua vacanza ideale è in montagna con gli amici.*
- *Più risposte C: vacanza per te significa relax al mare e in solitudine!*

2 Confrontatevi con i compagni e scoprite qual è la loro vacanza ideale.

29 **3** Ascoltate il dialogo e cerchiate le città che sentite.

Bologna
Napoli
Maranello
Roma
Ravello
Palermo

29 **4** Ascoltate di nuovo il dialogo e indicate se le affermazioni sono vere o false. Correggete quelle false oralmente.

	V	F
1. Gianna incontra Federica all'aeroporto.		
2. Federica farà un viaggio in Lombardia.		
3. Gianna va a trovare sua cugina.		
4. Gianna non sa cosa farà a Capodanno.		

In questa unità impariamo...	• a esprimere progetti, previsioni, promesse, ipotesi e dubbi • il lessico relativo al viaggiare in treno • il lessico relativo alle previsioni del tempo • quali sono le feste in Italia	• il futuro semplice: verbi regolari e irregolari • il futuro composto • il periodo ipotetico (1° tipo) • cosa fanno a Natale gli italiani • quali treni ci sono in Italia

A   A Capodanno cosa farete?

1 Leggete il dialogo per verificare le vostre risposte all'attività precedente.

impiegata: Buongiorno, un documento per favore.

Gianna: Ecco qui.

impiegata: Grazie. Quanti bagagli?

Gianna: Una valigia e un bagaglio a mano.

impiegata: Perfetto... Questa è la sua carta d'imbarco. L'imbarco è alle 12, uscita C21. Buon viaggio!

Gianna: Grazie.

...

Federica: Gianna?

Gianna: Ehi, ciao Federica, anche tu in partenza?

Federica: Eh, sì, vado a Napoli.

Gianna: Da parenti?

Federica: No, starò tre giorni da un'amica. Poi prenderemo insieme il treno per Bologna per festeggiare il Capodanno con la sua famiglia.

Gianna: Ah, e quando torni?

Federica: Dopo l'Epifania. Partirò da Bologna il 7 gennaio e passerò da Maranello: voglio andare al Museo Ferrari!

Gianna: Ah, che bello!

Federica: E tu, invece?

Gianna: Io vado a Palermo a trovare mio fratello. Per Natale verranno anche i miei genitori.

Federica: Bene... e a Capodanno cosa farete?

Gianna: Mah, probabilmente festeggeremo con gli amici di mio fratello in un ristorante. Scusa un secondo... ah bene, la mia uscita è cambiata, devo andare alla C2. Allora, buon viaggio e buone feste!

Gianna: Grazie, anche a te!

Palermo

Bologna

2 Lavorate in gruppi di tre e leggete il dialogo: uno di voi è Gianna, uno è Federica e l'altro è l'impiegata. Poi rispondete alle seguenti domande:

1. Come festeggerà Federica il Capodanno?
2. Quando tornerà Federica dalle vacanze?
3. Con chi passerà il Natale Gianna?
4. Dove andrà Gianna a Capodanno?

3 Lavorate in coppia.
Leggete la frase a destra.

Starò tre giorni da un'amica. Poi prenderemo insieme il treno per Bologna.

Secondo voi, i verbi in blu indicano un'azione...

☐ passata   ☐ presente   ☐ futura

4 Carlo telefona a Gianna. Completate il dialogo con i verbi dati sotto, come nell'esempio in blu.

preparerà ✕ *partirà* ✕ *saremo* ✕ *arriverai* ✕ *verranno* ✕ *verrà*

Gianna: Pronto? Ciao Carlo! Sì, sono già all'aeroporto. L'aereo .... (1) tra un'ora.

Carlo: Va bene. A che ora .... (2) a Palermo?

Gianna: Alle 14.00.

Carlo: Perfetto. Io purtroppo lavoro tutto il pomeriggio, quindi in aeroporto ......*verrà*...... (3) Silvia, va bene?

Gianna: Certo.

Carlo: Ah, senti... Abbiamo visto un ristorante molto carino, che a Capodanno .... (4) un menù speciale per il Cenone. Prenotiamo?

Gianna: Per me va bene. .... (5) solo io, tu e Silvia?

Carlo: No, ... (6) anche Luca e Francesca.

5 Rileggete il dialogo a pagina 74 e scrivete che cosa faranno Federica e Gianna durante le feste.

....
....
....
....
....

6 Trovate i verbi nel dialogo A1 e completate la tabella.

Futuro semplice

	passare	prendere	partire
io	....	prenderò	....
tu	passerai	prenderai	partirai
lui, lei, Lei	passerà	prenderà	partirà
noi	passeremo	....	partiremo
voi	passerete	prenderete	partirete
loro	passeranno	prenderanno	partiranno

7 Mettete i verbi tra parentesi al futuro e rispondete alle domande come nell'esempio.

A che ora (tu, *uscire*) di casa domani?
→ – *A che ora uscirai di casa domani?*
  – *Domani uscirò...*

1. (tu, *festeggiare*) il Capodanno con gli amici?
2. Quando (*iniziare*) le vacanze di Natale quest'anno?
3. Secondo te, domani (noi, *vincere*)?
4. Che cosa (tu, *preparare*) per cena stasera?
5. A che ora (*finire*) la lezione di italiano?
6. Per Natale (voi, *partire*) o (voi, *passare*) le feste a casa?

 8 In coppia completate la tabella.

Futuro semplice
Verbi irregolari

essere	avere	stare	andare	fare
sarò	avrò	starò	andrò	farò
sarai	avrai	starai	....	farai
sarà	avrà	....	andrà	farà
....	avremo	staremo	andremo	faremo
sarete	avrete	starete	andrete	....
saranno	....	staranno	andranno	faranno

Altri verbi irregolari al futuro sono nell'Approfondimento grammaticale a pagina 206.

9 Su un bigliettino scrivete un verbo all'infinito delle pagine 75-76. Date il bigliettino a un compagno. Lui/Lei scrive, e legge alla classe, una frase con il verbo al futuro. Poi confrontatevi.

andare   *Andrai alla festa di Lorenzo?*

es. 1-5
p. 49

10 Collegate le vignette (a-d) alle frasi sotto (1-4) che esprimono lo stesso uso del futuro, come nell'esempio in blu.

1. Quest'anno cercherò un nuovo lavoro! [c]
2. Secondo me, stasera pioverà! [ ]
3. • Che ore sono? • Saranno le 2.00. [ ]
4. Sì, mamma, andrò a letto presto. [ ]

es. 6-10
p. 51

B   Viaggiare in treno

1 Osservate il biglietto del treno e rispondete alle domande.

1. Da dove parte il treno?
   E dove arriva?
2. Quale giorno parte il treno?
   A che ora?
3. A che ora arriva?
4. Quante persone viaggiano?
5. Quanto costa il biglietto?

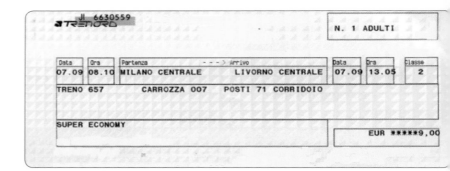

2 a Guardate le immagini sotto e scrivete le parole date negli spazi bianchi.

biglietteria ✕ *controllore* ✕ *viaggiatori* ✕ *binario* ✕ *posti* ✕ *carrozza*

b Ascoltate e abbinate i dialoghi alle foto.
Attenzione: c'è una foto in più.

3 Adesso leggete i dialoghi e verificate le vostre risposte.

1. • A che ora parte il prossimo treno per Firenze?
   • Parte tra 20 minuti con cambio a Empoli. Alle 16.00, invece, c'è il diretto.
   • Bene. Un biglietto per il treno delle 16.00.
   • Andata e ritorno?
   • No, solo andata. Quant'è?
   • Sono 7 euro e 50 centesimi.

2. • Attenzione! Il treno Frecciarossa 9456, proveniente da Roma e diretto a Milano è in arrivo al binario 8 anziché 12.

3. • Biglietto, per favore...
   • Ecco!
   • Grazie!

4. • Scusi, questa è la seconda classe, vero?
   • Sì, è la seconda.
   • È libero questo posto?
   • Certo! Prego.
   • Grazie.

5. • Scusi, è questo il treno per Firenze?
   • Sì, signora, è questo.
   • Sa dov'è la carrozza 11?
   • No, forse è in fondo al treno.
   • Grazie mille!

Stazione Centrale, Milano

4 Lavorate in coppia: sottolineate nei dialoghi precedenti parole e frasi per:
- chiedere informazioni sull'orario e sulla direzione del treno;
- fare il biglietto;
- dare informazioni sull'orario e sulla direzione del treno.

5 Completate i mini dialoghi.

1. • Un biglietto per Venezia, per favore.
   • ....
   • No, solo andata. Quant'è?
   • ....

2. • ....
   per Roma?
   • C'è un Regionale veloce alle 11.00.

3. • ....
   • Fra mezz'ora.
   • ....
   • Dal binario 6.

4. • Scusi, è questo il treno che va a Venezia?
   • ....

6 **A:** Sei alla stazione di Firenze e vuoi prendere il prossimo treno per Roma. Chiedi all'impiegato della biglietteria (*B*) informazioni sull'orario, il prezzo, il binario ecc. Infine, paghi il biglietto e ringrazi.

B: Sei l'impiegato della biglietteria: devi rispondere a tutte le domande di *A*. Puoi consultare la cartina di pagina 27.

es. 11-12
p. 53

C In montagna

1 Nadia partirà per la settimana bianca sulle Alpi e vuole lasciare le chiavi di casa a Simona. Leggete il dialogo e poi indicate le affermazioni presenti.

Simona: Pronto?

Nadia: Simona? Ciao, sono Nadia. Come va?

Simona: Ehi, ciao Nadia, tutto bene. Tu?

Nadia: Bene, grazie. Senti, purtroppo ieri non sono potuta passare dal tuo ufficio e quindi ho lasciato le chiavi a Marco.

Simona: Va benissimo. A che ora parti domani?

Nadia: Alle 17.00.

Simona: Ah, ma... avrai già finito di lavorare?

Nadia: Sì, sì, ho chiesto un'ora di permesso.

Simona: Ho capito. Allora adesso chiamo Marco per le chiavi. A quest'ora sarà tornato dalla palestra, no?

Nadia: Penso proprio di sì.

1. Nadia partirà dopo il lavoro. ☐
2. La casa di Nadia è vicino alla palestra. ☐
3. Simona chiamerà Marco per le chiavi. ☐

2 Osservate la tabella e completate la regola.

Futuro composto

Nadia partirà	dopo che (non) appena quando	avrà finito di lavorare / sarò tornato/tornata avranno finito di lavorare / saremo tornati/tornate

futuro composto	futuro semplice
Dopo che *avrò finito* gli esami...	...*farò un viaggio*
1ª azione futura	2ª azione futura

Usiamo il **futuro composto** per esprimere un'azione futura **che avviene prima** di un'altra azione...

☐ passata ☐ presente ☐ futura

3 Quali di queste azioni avvengono prima e quali dopo? Formate delle frasi, come nell'esempio.

prenotare un viaggio / prendere le ferie (Giulio, *dopo che*)
→ *Dopo che avrà preso le ferie, Giulio prenoterà un viaggio.*

1. andare in palestra / finire il lavoro (tu, *non appena*)
2. cucinare / fare la spesa (voi, *dopo che*)
3. finire di lavorare / tornare a casa (noi, *quando*)
4. andare a letto / guardare la tv (i bambini, *dopo che*)
5. decidere quale treno prendere / vedere gli orari (io, *non appena*)

es. 13-15
p. 54

Che tempo farà domani?

1 Ascoltate il dialogo e indicate le affermazioni corrette.

1. Claudio ha dei dubbi sulla gita perché
   - ☐ a. è stanco
   - ☐ b. fa un po' freddo
   - ☐ c. tira vento

2. Secondo Valeria, il giorno dopo
   - ☐ a. pioverà
   - ☐ b. il cielo sarà nuvoloso
   - ☐ c. farà bel tempo

3. Claudio ricorda a Valeria che
   - ☐ a. sono andati al mare una settimana prima
   - ☐ b. pochi giorni prima è piovuto
   - ☐ c. fa troppo caldo

4. Alla fine decidono di
   - ☐ a. ascoltare le previsioni del tempo
   - ☐ b. fare la gita al mare
   - ☐ c. rinunciare alla gita

2 Ascoltate le previsioni e indicate, come nell'esempio in blu: a) che tempo farà nelle varie zone d'Italia; b) come saranno mari, venti e temperature.

| Sud | Centro | Nord |

sereno — variabile — nuvoloso — pioggia — temporale — neve — nebbia

calmo — mosso — molto mosso — deboli — moderati — forti — in diminuzione — stabili — in aumento

| mari: Adriatico e Tirreno | venti | temperature |

3 Completate la tabella con le espressioni sul tempo che trovate nell'attività D1.

Che tempo fa? / Com'è il tempo?

Il tempo è bello/brutto.	*Fa .... / brutto tempo.*
È sereno/nuvoloso.	*Fa caldo / Fa ....*
C'è il sole / la nebbia / il vento.	*Piove / Nevica / Tira ....*

4 In coppia. Volete fare una gita, osservate le immagini con le previsioni del tempo nel fine settimana e fate un dialogo:

- parlate del tempo;
- decidete dove andare, quando, con quale mezzo;
- decidete l'ora e il luogo dell'appuntamento.

> Perché non andiamo a...?

> Il tempo è/sarà...

> Meglio andarci domenica perché...

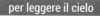

per leggere il cielo

| sereno | poco nuvoloso | variabile | nuvoloso | coperto | neve | pioggia | temporale | nebbia |

il mare

| calmo | poco mosso | mosso | molto mosso | agitato |

il vento

| debole | moderato | forte |

sabato

domenica

> es. 16 p. 55

E Vocabolario e abilità

1 a Cruciverba di Natale. Leggete le definizioni e inserite le parole date. Attenzione: ci sono due parole in più!

presepe ✕ bianca ✕ negozi
Babbo Natale ✕ albero ✕ panettone
tombola ✕ regali ✕ Capodanno

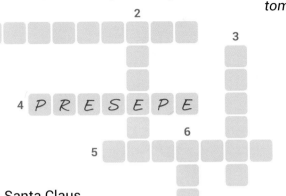

Orizzontali

1. In inglese si chiama Santa Claus.
4. Scena della nascita di Gesù.
5. Un gioco come il bingo.
7. Dolce tradizionale italiano del Natale.

Verticali

2. A Natale addobbiamo l'...
3. Ai bambini buoni Babbo Natale porta tanti...
6. Una settimana sulla neve è una settimana...

b Viaggi. Mettete le parole nel gruppo giusto, come nell'esempio in blu.

passeggero ✕ carrozza ✕ stazione ✕ uscita C2 ✕ bagaglio a mano ✕ imbarco ✕ volo
andata ✕ posto ✕ controllore ✕ aeroporto ✕ binario

Viaggio in treno	Viaggio in aereo	Viaggio in treno e in aereo
....	....	*passeggero*
....	....	....
....	....	....
....	....	....

2 Parliamo

1. Quali sono le feste più importanti nel vostro Paese?
2. Di solito, come passate il giorno di Natale? E cosa fate a Capodanno?
3. Raccontate come avete trascorso le ultime feste (quando, dove, con chi ecc.).
4. Parlate dei paesi che avete visitato. Quali volete visitare in futuro e perché?
5. Che tempo ha fatto ieri nella vostra città? Quali sono le previsioni per domani?

 3 Ascolto

33

Quaderno degli esercizi (p. 56)

 es. 17-19
p. 56

80-100 **4 Scriviamo**

Hai ricevuto un invito per le feste da un amico che vive a Perugia, ma non puoi accettare. Nella tua risposta ringrazi, spieghi perché non puoi accettare l'invito e parli dei programmi che hai per quei giorni di festa.

 Test finale
p. 183

Natale: fra tradizione e curiosità

1 Leggete i testi: quale tradizione trovate più interessante?

"Natale con i tuoi, Pasqua con chi vuoi" dice un proverbio* italiano. Infatti, il Natale in Italia è una festa da passare con la famiglia, la Pasqua con amici e conoscenti*. A Natale, in Italia è tradizione fare il presepe, e non solo in casa. Dal 1200, infatti, molte città organizzano il presepe vivente: gli abitanti del luogo ricreano la nascita di Gesù, interpretano artigiani* del passato e offrono cibo e bevande ai visitatori. Quello di Matera è tra i presepi viventi più belli.

Insieme al presepe, nelle case italiane è tradizione anche addobbare l'albero di Natale.

Bellissimo l'albero, regalo di un Paese straniero, in Piazza San Pietro a Roma.

✴ In Via San Gregorio Armeno, a Napoli, troviamo le botteghe* degli artigiani con tutto quello che serve per fare il presepe.

Panettone, pandoro e torrone sono i dolci tipici natalizi, che gli italiani comprano al supermercato (se di produzione industriale) o in pasticceria (se fatti a mano).

Durante le feste i bambini aspettano l'arrivo di Babbo Natale che il 24 dicembre porta i doni*. In alcuni paesi del Nord Italia, però, i bambini ricevono i regali il 6 dicembre, giorno di San Nicola. In altre città, come Bergamo e Verona, i bambini scrivono una lettera con una lista di regali a Santa Lucia, il 13 dicembre.

Durante le feste natalizie, in molte piazze italiane troviamo i mercatini di Natale. Uno molto famoso per i suoi dolci tipici e per gli oggetti di artigianato è quello di Bolzano.

2 Indicate le informazioni presenti nel testo.

☐ 1. I presepi viventi di San Pietro sono molto famosi.
☐ 2. Ogni regione italiana ha un mercatino natalizio.
☐ 3. Al mercatino di Bolzano è possibile comprare dolci tipici.
☐ 4. Il 24 dicembre Babbo Natale porta i doni ai bambini.
☐ 5. Il Natale è un'occasione per stare con la famiglia.
☐ 6. Il panettone e il pandoro sono dolci natalizi.

Glossario. *proverbio*: frase, detto che riassume l'esperienza di un popolo e insegna qualcosa; *conoscente*: persona che conosciamo, ma che non è ancora nostra amica; *artigiano*: persona che produce un oggetto con il proprio lavoro; *bottega*: negozio e laboratorio dell'artigiano; *dono*: regalo.

3 Fate una breve ricerca su una delle feste indicate sotto e poi compilate la scheda. Presentate le informazioni che avete trovato ai compagni. Se volete, potete anche mostrare delle immagini.

Epifania ✕ *Capodanno* ✕ *Pasqua* ✕ *Carnevale* ✕ *25 aprile* ✕ *2 giugno*
Ferragosto ✕ *Palio di Siena* ✕ *Regata Storica*

Espressioni utili

* *Oggi vi presento il/la...*
* *Questa festa è il... di...*
* *Durante questa festa gli italiani...*

Nome della festa: ....
Giorno/mese: ....
Che cosa festeggiano gli italiani: ....
Che cosa fanno per la festa: ....
Piatti speciali/dolci: ....

Attività online

I treni in Italia

1 Leggete i testi e rispondete brevemente alle domande.

Gli italiani viaggiano spesso in treno per distanze sia brevi che lunghe. La rete ferroviaria italiana copre tutto il territorio nazionale e la qualità dei servizi* offerti è piuttosto alta. Ci sono treni e servizi per ogni esigenza.

Treni ad Alta Velocità: le *Frecce* sono i treni più rapidi, lussuosi e, naturalmente, più cari. Viaggiano a oltre 300 chilometri all'ora (Km/h) e collegano* le grandi città in tempi brevi. La prenotazione è obbligatoria*.

Treni per il trasporto locale: i *Regionali* collegano le piccole città all'interno della stessa regione o di regioni vicine. Si fermano in tutte le stazioni e offrono principalmente posti di seconda classe. Non hanno la velocità delle Frecce, ma sono comodi e hanno prezzi bassi.

Gli *Intercity*, invece, coprono tutto il territorio nazionale e si fermano solo nelle principali città. Non sono però molto frequenti.

* È possibile fare i biglietti in stazione, alle macchinette automatiche o in biglietteria. Se non volete fare la fila*, potete fare il biglietto direttamente sul sito www.trenitalia.com.

1. Gli italiani viaggiano in treno?
2. Quali sono le differenze tra le Frecce e i Regionali?
3. Dove si può fare il biglietto?
4. Quale servizio offre Trenitalia?

Glossario. *servizio*: le attività che sono offerte o vendute; *collegare*: unire, mettere in comunicazione; *obbligatorio*: necessario, che bisogna fare; *fare la fila*: quando le persone sono una dietro l'altra e aspettano il loro turno; *agile*: facile e semplice da usare.

Con Trenitalia alla scoperta del Patrimonio Mondiale dell'Unesco

Le bellezze del Patrimonio Mondiale dell'Umanità che è possibile raggiungere in treno sono in un agile* travel book di Trenitalia: con i servizi regionali di Trenitalia è possibile raggiungere ben 33 siti Unesco su 54 presenti nel territorio nazionale.

Una guida dettagliata delle 33 bellezze Unesco presenti da Nord a Sud del Belpaese da scoprire e ammirare gra-

zie alla presenza di oltre 5mila collegamenti giornalieri del trasporto regionale e degli oltre 280 servizi quotidiani effettuati con le *Frecce* Trenitalia.

adattato da *www.fsitaliane.it*

Cosa hai imparato nelle unità 4 e 5?

1 Sai...? Abbina le due colonne.

1. fare previsioni
2. fare ipotesi
3. parlare del tempo
4. parlare di progetti
5. fare promesse

- a. *L'anno prossimo comprerò un nuovo computer.*
- b. *Vedrai che alla fine Silvia sposerà Carlo.*
- c. *Fa freddo oggi, vero?*
- d. *Anna? Non avrà più di 20 anni.*
- e. *Sarò a casa tua alle 9!*

2 Abbina le frasi.

1. Un biglietto per Roma con l'Intercity.
2. Che tempo fa oggi da voi?
3. Offro io, cosa prendi?
4. Il treno va direttamente a Firenze?
5. Quando sei nato?

- a. *Brutto, molto brutto.*
- b. *No, bisogna cambiare a Bologna.*
- c. *Andata e ritorno?*
- d. *Il 3 aprile dell'89.*
- e. *Un caffè macchiato, grazie!*

3 Completa.

1. Due tipi di treni: ....
2. Tre feste italiane: ....
3. Il passato prossimo di *prendere* (prima persona singolare): ....
4. Il futuro semplice di *venire* (prima persona singolare): ....
5. Il futuro composto di *partire* (prima persona singolare): ....

4 In ogni gruppo trova la parola estranea.

1. pioggia | neve | vento | sole | ombrello
2. treno | aereo | aeroporto | nave | autobus
3. libri | caffè | gelati | dolci | panini
4. stazione | biglietteria | binario | prenotazione | panettone
5. Palio di Siena | Natale | Pasqua | Epifania | Ferragosto

Controlla le soluzioni a pagina 190.
Sei soddisfatto/a?

Le due torri, Bologna

86

A cena fuori — Unità 6

Per cominciare...

1 Osservate le foto e indicate quale locale scegliete per:

a. una festa in famiglia   b. una cena romantica   c. la pausa pranzo   d. un pranzo di lavoro

Motivate le vostre risposte.

 1 ☐

 2 ☐

 3 ☐

 4 ☐

 5 ☐

 6 ☐

34 **2** Ascoltate il dialogo: con chi parla Lorenzo e di cosa?

34 **3** Ascoltate di nuovo e indicate l'affermazione giusta.

1. Lorenzo dopo l'università andrà
   - ☐ a. a Firenze
   - ☐ b. a cena con Gianna
   - ☐ c. a cena con la madre

2. Gianna festeggia il suo compleanno con
   - ☐ a. la famiglia
   - ☐ b. gli amici
   - ☐ c. il suo ragazzo

In questa unità impariamo...

- a esprimere possesso
- a dare consigli
- il lessico della famiglia
- i pasti della giornata e alcuni piatti italiani
- a ordinare al ristorante
- a esprimere preferenza
- un po' di lessico della cucina

- i possessivi
- i possessivi con i nomi di parentela
- quello e bello
- volerci e metterci

- un po' di storia sulla cucina italiana:
- i nomi di alcuni tipi di pasta
- dove mangiano gli italiani

A È il suo compleanno.

1 Leggete il dialogo per verificare le vostre risposte all'attività precedente.

madre: ...Allora? Oggi vieni a cena da noi?

Lorenzo: No, oggi no, dopo l'università andrò a cena con Gianna.

madre: Ah, come mai?

Lorenzo: Domani è il suo compleanno.

madre: E non festeggiate con i vostri amici?

Lorenzo: Oh, quante domande, mamma! Paolo e Maria oggi non possono e domani Gianna festeggia con la sua famiglia perché è venuto suo fratello da Palermo.

madre: Ho capito... Ma... tu e Gianna siete sempre amici, vero?

Lorenzo: Certo, che domanda è?! Gianna è solo un'amica! E poi ha il ragazzo...

madre: Certo... E lui non viene a cena con voi?

Lorenzo: No, perché studia a Firenze. Come sei discreta, mamma...

madre: Sono sempre discreta io... E dove andate a mangiare?

Lorenzo: Da "*I due fratelli*".

madre: Oh, che bello, è uno dei miei posti preferiti. Allora, prendi il risotto alla milanese, è una delle loro specialità!

Lorenzo: Va bene, mamma, vedrò...

madre: Come secondo puoi prendere la cotoletta alla milanese, è ottima! E come antipasto, magari le bruschette della nonna...

Lorenzo: Scusa, per caso vuoi andare tu al mio posto?!

2 Rispondete alle domande.

1. Perché Lorenzo non cena con i genitori?
2. Chi è arrivato da Palermo?
3. Cosa consiglia la madre a Lorenzo?

3 Osservate la frase "Domani è il suo compleanno". *Suo* è un aggettivo possessivo. Sottolineate nel dialogo tutti i possessivi.

4 Leggete la chat fra Gianna e Lorenzo. Inserite negli spazi i possessivi che avete sottolineato nel dialogo.

4G   ⟨ Gianna   Lorenzo ⟩   14:15 🟡 98% ▬

Gianna: Buongiorno Lore' sei all'Uni? Domani è il .... compleanno, ricordi? 😄

Lorenzo: 😎... ma certo! 😎 Festeggerai con Marco e i .... amici di Firenze?

Gianna: Macché! Festeggio in famiglia con tutti i .... parenti. È venuto anche Carlo con .... moglie! 😍

Lorenzo: Capisco...

Gianna: Senti... ceniamo insieme stasera? 😄

Lorenzo: Sì, con piacere!!! Andiamo da *I due fratelli*, però! 😊 Adoro le .... specialità!

Gianna: Va bene! 😊 Prenoti tu per le 19.30?

5 Scrivete come Gianna festeggia il suo compleanno.

....
....
....
....
....

6 In coppia completate la tabella.

I possessivi (2)

io	Sabato prossimo è il mio compleanno. Naturalmente ci saranno anche .... genitori.	il mio/la mia i miei/le mie
tu	Bella la tua casa! Che festa è senza .... amici?	il tuo/la tua i tuoi/le tue
Sergio/Marina	Il suo lavoro è molto interessante. Verranno .... cugine da Milano.	il suo/la sua i suoi/le sue
signor Vialli signora	Signor Vialli, ha dimenticato la Sua sciarpa! Signora Vialli, quanti anni hanno .... figli?	il Suo/la Sua i Suoi/le Sue
noi	Il nostro volo parte da Napoli a mezzogiorno. Stasera usciamo con .... amiche.	il nostro/la nostra i nostri/le nostre
voi	Andate con .... macchina? Avete già programmato le vostre vacanze?	il vostro/la vostra i vostri/le vostre
Renato e Nadia	Il loro gatto è ancora un cucciolo. Hanno già conosciuto .... nuovi colleghi.	il loro/la loro i loro/le loro

Aggettivi e pronomi possessivi sono nell'Approfondimento grammaticale a pagina 207.

7 Completate le frasi come nell'esempio.

I miei genitori hanno un bar. → Il *loro* bar è sempre pieno il sabato sera.

1. So che hai dei bambini piccoli. I .... bambini sono molto vivaci.
2. Quando cucino, metto sempre molto sale, per questo i .... piatti sono sempre salati.
3. So che avete molti progetti. I .... progetti sono molto interessanti.
4. Abbiamo una macchina. La .... macchina è italiana.
5. Ho sentito che Anna ha due cugine.
Le .... cugine vivono a Siena.

Siena

es. 1-7
p. 61

B La famiglia di Gianna

1 a Gianna mostra a Lorenzo le foto della sua festa di compleanno. Leggete il dialogo e completate il suo albero genealogico.

Lorenzo: Che bella coppia! Sono i tuoi nonni?

Gianna: Sì, questa è mia nonna Anna Rita e questo è mio nonno Giuseppe. E qui accanto, ci sono mia madre e mio zio Giovanni.

Lorenzo: Ah sì, ho conosciuto tuo zio l'anno scorso alla festa di Natale a casa tua. Ha due figlie che vanno all'università, se ricordo bene...

Gianna: Solo Susanna. Laura, invece, lavora in banca. Guarda questa foto: è bellissima! Le mie cugine sempre con il cellulare in mano e mia zia Alessandra arrabbiatissima...

Lorenzo: Ahaha! E Carlo?

Gianna: Eccolo qua, mio fratello! Tutta la serata a discutere di politica con nostro padre.

Lorenzo: Povera te! E chi è questa bambina con i capelli biondi?

Gianna: È mia nipote Cristina, in braccio alla sua mamma.

Lorenzo: Silvia, la moglie di Carlo?

Gianna: Sì, bravo! Carine, no?

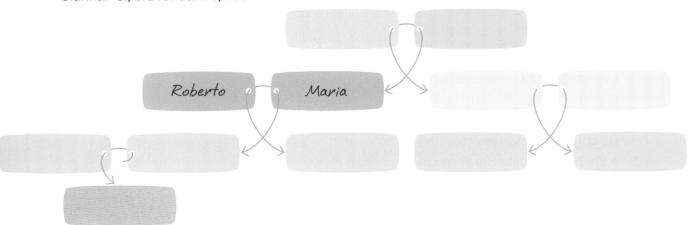

b Come si chiamano i nipoti di Giuseppe e Anna Rita?

> **Attenzione!**
> Con la parola *nipote* intendiamo due rapporti di parentela diversi.

2 Rileggete il dialogo e completate con i nomi di parentela.

1. I coniugi: marito / moglie
2. I genitori: .... / madre
3. I fratelli: fratello / sorella
4. I nonni: .... / ....

5. Gli zii: .... / ....
6. I cugini: cugino / ....
7. I nipoti: (il) nipote / ....
8. I figli: figlio / figlia

3 Completate la tabella con i possessivi che trovate nel dialogo B1.

Nomi di parentela e possessivi

mio *marito* .... *madre* **tuo** *nipote* **sua** *moglie* .... *padre* **vostro** *nonno*	singolare: *senza articolo*	**ma**	**i miei** *genitori* .... *cugine* **i tuoi** *fratelli* **le sue** *sorelle* **le nostre** *nipoti* **i vostri** *zii*	plurale: *con articolo*

Attenzione: il **loro** padre, la loro zia, il loro fratello, la loro madre ecc.

4 In gruppo: leggete le regole del gioco e rispondete alle domande.

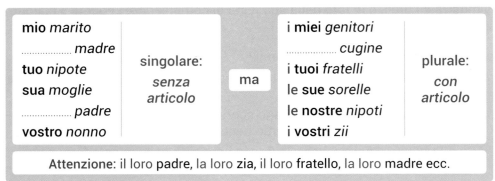

Chi viene con te?
(cugina)

Viene mia cugina.

- *Fate una pallina con un foglio. Uno di voi tira la pallina a un compagno e gli fa una domanda come nell'esempio.*
- *Il compagno deve rispondere, poi tira la pallina a un altro compagno e fa un'altra domanda e così via.*
- *Chi non sa rispondere, lancia la pallina a un compagno ed esce dal gioco.*

1. Con chi sei andato al cinema? (*sorella*)
2. Con chi ha litigato Mario? (*padre*)
3. Di chi parlate, ragazze? (*zia*)
4. Da chi siete andati ieri? (*cugini*)
5. A chi ha telefonato Sara? (*nonno*)
6. Di chi è questa bici, Marco? (*fratello*)

es. 8-10
p. 64

5 Disegnate il vostro albero genealogico e presentate la vostra famiglia a un compagno. Date informazioni sull'età, sull'aspetto fisico (alto, magro, …) e sul carattere. Lui poi riferisce le informazioni alla classe.

C   Da *I due fratelli*

1 Ascoltate il dialogo e indicate i piatti che ordinano Lucia e Claudio.

I DUE FRATELLI

RISTORANTE - PIZZERIA

Antipasti
- ☐ Prosciutto di Parma
- ☐ Antipasto misto
- ☐ Insalata di pesce
- ☐ Bruschette della nonna

Dolci
- ☐ Torta di mele
- ☐ Frutta fresca di stagione
- ☐ Panna cotta

Primi
- ☐ Linguine al pesto
- ☐ Spaghetti alla carbonara
- ☐ Penne all'arrabbiata
- ☐ Lasagne alla bolognese
- ☐ Risotto alla milanese

Secondi
- ☐ Pollo all'aglio
- ☐ Bistecca ai ferri
- ☐ Cotoletta alla milanese
- ☐ Vitello alle verdure
- ☐ Involtini alla romana

Vini
- ☐ Chianti
- ☐ Barolo
- ☐ Orvieto
- ☐ Lambrusco

Contorni
- ☐ Insalata verde
- ☐ Verdure grigliate
- ☐ Patate al forno

Pizze
- ☐ Margherita
- ☐ Funghi
- ☐ Marinara
- ☐ Napoletana
- ☐ 4 stagioni

Bevande
- ☐ Coca Cola
- ☐ Acqua minerale
- ☐ Birra Nastro Azzurro
- ☐ Birra Peroni

2 Riascoltate il dialogo e indicate se le frasi che seguono sono presenti o no.

	sì	no
1. È il ristorante più bello della città.	☐	☐
2. Ben cotta, per favore.	☐	☐
3. È molto saporito.	☐	☐
4. Vorrei il vitello alle verdure.	☐	☐
5. Sembra buono.	☐	☐
6. È la specialità dello chef.	☐	☐
7. A me piace l'insalata.	☐	☐
8. Lei cosa consiglia?	☐	☐

3 Guardate di nuovo il menù e in coppia fate dei mini dialoghi, come nell'esempio.

> Ti piace / Ti piacciono... ?

> Sì, ... / No, ... e a te?

Osservate:

(Non) mi piace il pesce.
(Non) mi piace mangiare fuori.
(Non) mi piacciono i dolci.
(Non) mi piacciono le lasagne.

4 Ascoltate di nuovo le ordinazioni di Lucia e Claudio e scrivete nei fumetti le espressioni per ordinare.

5 a Completate la tabella con le parole date.

a me × *cucinare* × *una bistecca* × *le linguine al pesto*

vorrei	....
	provare la specialità del ristorante
(non) **mi piace**	la pasta al dente
	....
(non) **mi piacciono**	....

- *Mi piace molto il pesce.*
- *Ti piace la carne?*
- .... *non piace affatto!*
- *Sì, perché, a te non piace?*

 b Dividetevi in gruppi. Uno di voi è il cameriere e gli altri i clienti del ristorante. Fate le vostre ordinazioni.

es. 11-12
p. 65

D Facciamo uno spuntino?

1 Leggete il dialogo e rispondete alle domande.

Sara: Ho un po' di fame, facciamo uno spuntino? Hai ancora quei biscotti al cioccolato?

Mia: No, sono finiti. Comunque, fra un'ora c'è la pausa pranzo. Ma non hai fatto colazione?

Sara: Io non mangio mai niente la mattina. Siccome ho sempre fretta, al massimo bevo un caffè.

Mia: Fai molto male! Ci vogliono pochi minuti per fare colazione ed è il pasto più importante della giornata. Io bevo sempre un caffellatte e mangio delle fette biscottate con burro e miele, così a pranzo non ho molta fame.

Sara: Veramente?! Ieri, però, hai preso primo, secondo, contorno e dolce...

Mia: ...È vero, però dopo, a cena non ho mangiato. Comunque, di solito preferisco una cena leggera: un'insalata, della frutta... cose che ci metto poco a preparare.

Sara: Io, in genere, se mangio molto a pranzo, salto sempre la cena. Faccio merenda verso le sei del pomeriggio e sono a posto.

Mia: Io, in ogni caso, cerco di cenare presto, non dopo le otto. E tu?

Sara: Anch'io, più o meno a quell'ora lì.

1. Perché Sara ha fame? Cosa beve a colazione e perché?
2. Cosa mangia Mia la mattina?
3. Che cosa mangiano a cena le due ragazze? A che ora cenano?

2 a E voi, fate colazione ogni giorno? Che cosa mangiate/bevete? Osservate le immagini e discutete con un compagno.

A colazione mangio... / mi piace... / preferisco... e tu?

 tè
 cornetto
 burro
 biscotti
 fette biscottate

 latte
 caffè
 miele
 spremuta d'arancia
 cereali
 pane

b Compilate la scheda e poi confrontatevi con i compagni.

Cosa mangi?

Colazione	
Spuntino	
Pranzo	
Merenda	
Cena	

Quanti di voi fanno lo spuntino? Qual è la merenda più diffusa?

 es. 13 p. 66

EDILINGUA 95

3 Nel dialogo di pagina 95 trovate e osservate "ci vogliono pochi minuti per..." e "ci metto poco a preparare". Poi completate le vignette. Vedete anche l'Approfondimento grammaticale a pagina 208.

Quanto ci vuole per cuocere gli spaghetti al dente?

Ci metti molto per preparare da mangiare?

.... circa 8 minuti di cottura.

Mah, ... un quarto d'ora!

4 Completate le frasi con *ci vuole*, *non ci vuole*, *ci vogliono*, *ci mettiamo*.

1 Per andare in centro con la bici .... 11 minuti.

2 Per fare il caffè corretto .... il latte!

3 Per andare all'estero .... il passaporto.

> *quei* biscotti al cioccolato
> a *quell'*ora lì
> **Quello** e **bello** nell'Approfondimento grammaticale a pagina 209.

es. 14-17
p. 66

4 In auto, noi .... circa 6 ore da Roma a Milano.

E   Vocabolario e abilità

1 Cosa c'è su una tavola apparecchiata? Scrivete le parole date al posto giusto.

piatto | bicchiere | tavolo | bottiglia

5. sale
6. pepe
7. ....
8. ....
4. ....
3. forchetta
9. cucchiaio
10. coltello
2. tovagliolo
1. tovaglia
11. ....

2 Abbinate le parole date (a-e) ai verbi (1-5), come nell'esempio in nero.

a. il sugo   b. la pasta   c. il pesce   d. il formaggio   e. il salame

1 ☐
cuocere

2 ☐
tagliare

3 c
friggere

4 ☐
mescolare

5 ☐
grattugiare

3 Guardate le illustrazioni sotto e usate le parole dell'attività E2: fate delle domande al vostro compagno, che risponderà come nell'esempio.

> Dove cuoci la pasta?

> Cosa usi per grattugiare il formaggio?

> Cuocio la pasta nella pentola.

> Per grattugiare il formaggio uso la grattugia.

la pentola

la grattugia

il tagliere

la padella

il mestolo

il colapasta

es. 18
p. 67

4 Parliamo

1. Secondo voi, quali differenze e quali somiglianze ci sono fra la cucina italiana e la cucina del vostro Paese?
2. Quali piatti o cibi tipici del vostro Paese sono famosi anche all'estero?
3. Esistono ristoranti italiani nella vostra città? Parlatene.
4. Quali sono i vostri piatti preferiti della cucina italiana? Sapete cucinare qualcuno di questi?
5. Raccontate l'ultima volta che avete mangiato in un ristorante: in quale occasione, cosa avete ordinato ecc.

es. 19-21
p. 68

5 Scriviamo   60-80

Rispondi alla tua amica e dai le informazioni richieste.

Vacanze estive _ ↗ ✕

Irene Dalto <irene.dalto@gmail.com>

Vacanze estive

Ciao...

Come va? Ho una bella notizia: quest'estate finalmente visiterò la tua città. Ho comprato una guida e voglio provare tutte le specialità della vostra cucina. Quali sono i piatti tipici? Conosci un buon ristorante, ma economico e accogliente?

Dove posso fare colazione la mattina? Conosci qualche bel locale?

Grazie in anticipo per le informazioni. E tu, come ti trovi a Roma? Ti piace la cucina italiana?

Test finale
p. 184

La cucina italiana: un po' di storia

1 Secondo voi, a quali famosi prodotti della cucina italiana sono legati questi due personaggi storici? Leggete i testi e completate gli spazi con le parole che trovate nelle foto.

Tutti i popoli che sono passati dall'Italia (francesi, spagnoli, arabi, austriaci ecc.) hanno lasciato le loro ricette* e i loro sapori. Anche per questo ogni regione ha i suoi piatti tipici e la cucina italiana è così varia e famosa in tutto il mondo: la pizza e la pasta sono gli esempi migliori.

LA STORIA DELLA PASTA

Secondo una leggenda*, ... (1) porta gli spaghetti dalla Cina, nel lontano 1292... In realtà, molti secoli prima, i Greci e gli Etruschi mangiano già un tipo di pasta: le .... (2), una specie di lasagna, preparate ancora oggi nel Sud Italia.

Sono poi gli arabi nel 1100 a introdurre i primi "spaghetti" nella cucina siciliana. Da qui, grazie ai commerci marittimi* la pasta arriva piano piano in tutta Italia.

lagane

Marco Polo

regina Margherita

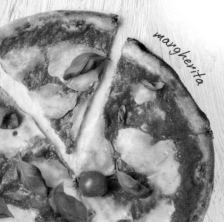

margherita

LA STORIA DELLA PIZZA

L'origine* di questo piatto è antichissima: già gli Etruschi infatti cucinano sulle pietre un tipo di focaccia (sottili fette di pane); è nel Settecento che, grazie all'aggiunta del pomodoro (dall'America) e di altri ingredienti*, nel Sud Italia la pizza diventa uno dei piatti preferiti dal popolo e non solo.

Ma quando la pizza diventa il "simbolo" del nostro Paese?

Nel 1889, quando il re d'Italia Umberto I e la .... (3) invitano a corte* Don Raffaele Esposito, famoso pizzaiolo di Napoli, per assaggiare la sua pizza. Esposito prepara una pizza tricolore come la bandiera italiana: il verde del basilico, il bianco della mozzarella e il rosso del pomodoro, che chiama appunto "Pizza .... (4)", in onore della regina. Da allora, questo piatto conquista tutto il mondo.

2 Rileggete i testi e indicate le informazioni presenti.

☐ 1. Ci sono piatti diversi in ogni regione d'Italia.
☐ 2. Ci sono molti ristoranti italiani in Cina.
☐ 3. Le lagane sono simili alle lasagne.
☐ 4. Il pomodoro ha cambiato la storia della pizza.
☐ 5. La pizza margherita ha i colori della bandiera italiana.
☐ 6. La regina Margherita vuole provare la pizza Umberto.

> **Glossario.** *ricetta*: *le istruzioni per preparare un piatto;* **leggenda**: *racconto fantastico;* **marittimo**: *(commercio) sul mare;* **origine**: *l'inizio, dove qualcosa o qualcuno è nato;* **ingredienti**: *i singoli prodotti per preparare un piatto;* **corte**: *abitazione del re.*

La pasta

1 Abbinate il nome della pasta al piatto giusto. Conoscete altri tipi di pasta?

lasagne ✳ *farfalle* ✳ *tortellini* ✳ *spaghetti* ✳ *gnocchi* ✳ *fusilli* ✳ *tagliatelle* ✳ *penne*

Gli italiani mangiano la pasta al dente, cioè: a. ☐ molto cotta   b. ☐ non molto cotta

2 Progetto culinario. A coppie, o a gruppi di tre, preparate un piatto tipico della cucina italiana da portare alla prossima lezione. Scrivete anche informazioni sul piatto che presenterete (ingredienti, preparazione, curiosità...). Dopo aver assaggiato tutti i piatti, votate il più buono.

Dove mangiano gli italiani?

1 Completate il testo con le parole date.

bar ✳ *pizzeria* ✳ *trattoria* ✳ *ristorante*
paninoteca ✳ *osteria*

Agli italiani piace mangiare a casa e, spesso, a casa di amici. Nel fine settimana però, molti preferiscono cenare o pranzare fuori.

Ma dove mangiano gli italiani? Le alternative sono parecchie. Chi preferisce un pasto veloce ed economico va in .... (1), il tipico fast-food italiano per consumare un toast o un panino. Un'altra alternativa non troppo costosa è l'............................ (2), frequentata da chi ama mangiare cose semplici e bere qualcosa. Anche la .... (3) offre un menù semplice con una varietà di piatti regionali e un ambiente informale.

Chi, invece, vuole mangiare e gustare* piatti più raffinati* può andare al .... (4). Chi, invece, preferisce la pizza, va in .... (5). Durante la settimana, nella pausa pranzo, molte persone per mancanza di tempo vanno al .... (6) per uno spuntino e un caffè.

> **Glossario.** *gustare: sentire il sapore di qualcosa;*
> *raffinato: dal sapore buono, elegante, ricercato.*

Attività online

Cosa hai imparato nelle unità 5 e 6?

1 Sai...? Abbina le due colonne.

1. esprimere possesso
2. parlare della famiglia
3. esprimere preferenza
4. parlare di progetti
5. parlare dei pasti

a. *A me piace di più la pasta al pomodoro.*
b. *In estate andremo in Portogallo.*
c. *Tua nonna è molto simpatica.*
d. *Marco non fa mai colazione.*
e. *Questa è la mia macchina nuova.*

2 Abbina le frasi.

1. Cameriere, scusi!
2. Perché non prendi le lasagne?
3. Di chi è questo?
4. Scusi, il prossimo treno per Perugia?
5. Per secondo, hai deciso?

a. *Il Regionale delle 11.*
b. *No, oggi niente primo.*
c. *Un attimo, signora, arrivo.*
d. *Una bistecca ben cotta.*
e. *È mio.*

3 Completa.

1. Tre pasti: ....
2. Due aggettivi per descrivere un piatto: ....
3. Il plurale di *mia*: ....
4. Il futuro di *volere* (prima persona singolare): ....
5. Il plurale di *bel*: ....

4 In ogni gruppo trova la parola estranea.

1. È un dolce:
   *prosciutto | mozzarella | salame
   parmigiano | panna cotta*

2. Non si mangia a colazione:
   *fette biscottate | burro | cornetto
   risotto | pane*

3. Non è un tipo di pasta:
   *tagliatelle | tortellini | vitello
   penne | farfalle*

4. Non è un verbo "da cucina":
   *tagliare | cuocere | ordinare
   mescolare | grattugiare*

Controlla le soluzioni a pagina 190.
Sei soddisfatto/a?

Maschio Angioino, Napoli

Per cominciare...

1 Hai visto qualche film
italiano? Quale?
Di che genere?

*Sì, ho visto...
È una commedia...*

 drammatico

 commedia

 d'azione

 d'avventura

 giallo/poliziesco

 thriller

 dell'orrore

2 Osservate le foto di pagina 102 e raccontate cosa hanno fatto Gianna e Lorenzo.

3 Adesso ascoltate il dialogo e verificate le vostre ipotesi.

4 Riascoltate il dialogo e indicate a chi si
riferiscono le frasi.

1. Sono andati al cinema.
2. Aveva 39 di febbre.
3. Voleva andare a vedere un film d'azione.
4. Ha dormito durante il film!
5. Ha visto un film in televisione.
6. I film dell'orrore non sono il suo genere.

In questa unità impariamo...	• a raccontare e descrivere fatti passati • a parlare di film • a parlare di ricordi • a esprimere accordo e disaccordo • il lessico relativo al cinema	• l'imperfetto indicativo: verbi regolari e irregolari • il trapassato prossimo • le differenze tra imperfetto e passato prossimo • grandi attori e registi italiani

A   Che ridere!

1 Leggete il dialogo per verificare le vostre risposte all'esercizio precedente.

Gianna: Alla fine, ieri, visto che non potevi venire, sono andata al cinema con Lorenzo: abbiamo visto l'ultimo film di Muccino.

Michela: Avete fatto bene. Io, purtroppo, avevo 39 di febbre e sono stata a casa tutto il giorno.

Gianna: Oh, mi dispiace. Però che ridere ieri!

Michela: Davvero? Ma era una commedia?

Gianna: No, il film no. È Lorenzo che è un personaggio da commedia!

Michela: Eheh, perché?

Gianna: Innanzitutto, siamo stati mezz'ora a scegliere il film da vedere perché a Lorenzo non piaceva niente. In realtà voleva vedere un film d'azione. Poi finalmente abbiamo scelto il film di Muccino. Molto bello, solo che alla fine Lorenzo sembrava confuso.

Michela: In che senso? Storia complicata?

Gianna: Macché! Mentre parlavamo del film, lui faceva dei commenti strani. Poi ho capito: durante il film lui dormiva!

Michela: No! Ha perso tutto il film?!

Gianna: Non so, forse la metà... comunque il film era molto bello.

Michela: Bene... anch'io ho visto un film in televisione. C'era questa ragazza innamorata del fantasma che viveva nel teatro. Lui però era un assassino e...

Gianna: Ma... non è il *Fantasma dell'Opera* di Dario Argento?

Michela: Sì! Bel film, no?

Gianna: Mah, i film dell'orrore non sono proprio il mio genere!

2 Rispondete alle domande.

1. Che film hanno visto Gianna e Lorenzo al cinema?
2. Perché Lorenzo era confuso alla fine del film?
3. Come ha passato la serata Michela?

3 In coppia leggete il dialogo.

4 Completate il dialogo con i verbi dati.

voleva ✕ *guardavo* ✕ *aveva* ✕ *diceva* ✕ *mangiavo*
era ✕ *dormiva* ✕ *facevo*

Michela: Scusa, ma tu non hai visto che Lorenzo
.... (1) al cinema?

Gianna: Io .... (2) i popcorn e .... (3)
il film. Però mi sembrava molto strano il silenzio
di Lorenzo... Io ogni tanto .... (4) dei
commenti, ma lui non .... (5) niente.

Sergio: Che tipo! Forse .... (6) molto stanco...

Gianna: Macché! Ieri non .... (7) lezione
all'università. La verità è che lui .... (8)
andare a vedere un film d'azione.

5 Osservate: *Lorenzo sembrava confuso.*

Sottolineate nel dialogo A1 i verbi come "sembrava". Poi completate la tabella.

Imperfetto

parlare	vivere	dormire
parlavo	vivevo	dormivo
parlavi	vivevi	dormivi
parlava	....	....
....	vivevamo	dormivamo
parlavate	vivevate	dormivate
parlavano	vivevano	dormivano

es. 1-3
p. 71

6 Osservate la tabella di pagina 103 e completate le frasi come nell'esempio in blu.

Ieri mattina alle 11 (loro, *dormire*) .... ancora.

1

2

Ogni volta che zia Giulia (*partire*) .... per un viaggio, lo zio (*sembrare*) .... felice.

3

All'inizio (noi, *volere*) *volevamo* vedere un film d'avventura.

Mentre la mamma (*lavorare*) .... al PC, (noi, *giocare*) .... con il papà.

4

Mi ricordo quando (voi, *vivere*) .... a Bari.

5

6

Mentre i bambini (*litigare*) ...., è arrivata la maestra.

7 A coppie. Rileggete il dialogo A4 e completate la tabella.

Imperfetto irregolare

essere	bere	dire	fare
ero	bevevo	dicevo	....
eri	bevevi	dicevi	facevi
....	beveva	....	faceva
eravamo	bevevamo	dicevamo	facevamo
eravate	bevevate	dicevate	facevate
erano	bevevano	dicevano	facevano

es. 4-6
p. 72

B Ti ricordi?

1 Leggete il dialogo.

Gianna: E questa foto?

Simona: È la festa a casa di Marta! Ricordi?

Gianna: Oddio, è vero! Eravamo all'università. Che bei tempi!

Simona: Sì, studiavamo tutta la settimana e il sabato organizzavamo sempre una festa!
Ti ricordi di quella a casa di Matteo?

Gianna: No, quale? Non mi ricordo.

Simona: Dai... quella sera che hai conosciuto Franco.

Gianna: Oddio, Franco... che tipo!

Simona: Ma dai, era simpatico!

Gianna: Beh, insomma... era un po' esagerato: è riuscito anche a trovare il mio numero di telefono!

Simona: Davvero?

Gianna: Certo! E sai cosa ha fatto una volta? Mentre io ero a lezione, è venuto all'università ed è
entrato in aula con un mazzo di fiori!

Simona: No, veramente?!

Gianna: Eh, sì, purtroppo... Comunque, se ricordo bene, una volta siamo anche usciti... sì, siamo
andati al Museo del Cinema italiano.

Simona: Ah! Vabbè, non era cattivo, solo un po' particolare. E poi scherzava sempre.

Gianna: Era pure un bel ragazzo, ma troppo strano.

Simona: Chissà, forse era solo innamorato!

2 a Rileggete il dialogo e completate la tabella.

Parlare di ricordi

Ricordo... / Ricordo che...	....
Mi ricordo quella volta che...	....
Non dimenticherò mai...	....

b In coppia. Usate le espressioni della tabella
per raccontare i vostri ricordi.

A racconta a *B*:
- *di una persona o di un evento importante*
- *di un film che ha visto anni fa*

B racconta ad *A*:
- *delle vacanze più belle*
- *di un ricordo dell'infanzia*

es. 7
p. 73

La mia laurea

3 Completate la tabella con i verbi che trovate nel dialogo di pagina 105. Poi osservate gli usi dell'imperfetto e del passato prossimo.

Usiamo...

imperfetto		
per parlare di abitudini al passato		*Andavo sempre al lavoro in macchina.* *Il sabato .... sempre una festa.*
per parlare di un'azione non conclusa in un momento preciso	⊗	*Ieri alle 10 dormivo.*

imperfetto + imperfetto		
per raccontare azioni contemporanee al passato		*Luigi camminava e parlava al cellulare.*

passato prossimo		
per parlare di un'azione conclusa	✓	*Ho studiato dalle 5 alle 8.* *............. al Museo del Cinema italiano.*

passato prossimo + passato prossimo		
per parlare di azioni successive concluse	✓	*Ho aperto la porta e sono uscita.* *............. all'università ed .... in aula.*

imperfetto + passato prossimo		
per raccontare un'azione passata interrotta da un'altra azione passata		*Mentre io .... a lezione, ... in aula con un mazzo di fiori.*

4 Gira e racconta!

Gli studenti si mettono in cerchio e l'insegnante comincia una storia: "Era una notte buia e piovosa, mentre Adele guardava la tv...". Si ferma e fa girare la bottiglia (o la penna o il pennarello) messa al centro del banco. Lo studente indicato deve continuare la storia fantastica usando l'imperfetto e/o il passato prossimo.

Se lo studente ha raccontato una parte della storia in modo corretto, è lui stesso che fa girare la bottiglia. Il gioco va avanti in questo modo. Chi non riesce a continuare il racconto esce dal cerchio. Vince lo studente che rimane al suo posto fino alla fine.

5 Leggete le frasi e scegliete il verbo giusto.

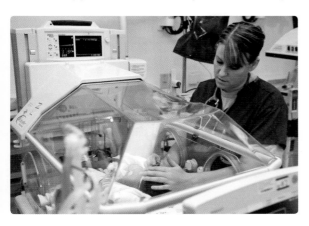

1. Mentre ascoltava/ha ascoltato la musica ha studiato/studiava l'italiano.
2. Ieri sera alle 8 Gianna e Francesca erano/sono state a casa.
3. Mentre ho aspettato/aspettavo l'autobus, vedevo/ho visto un vecchio amico.
4. Quando siamo andati/andavamo da loro abbiamo portato/portavamo sempre qualcosa alla loro figlia.
5. Quando telefonava/ha telefonato Luca io ho dormito/dormivo ancora.
6. Ieri Sofia lavorava/ha lavorato fino a tardi.

es. 8-13
p. 74

6 Raccontare e descrivere. Leggete il primo testo, dove Franco racconta come ha conosciuto Gianna. Poi completate il secondo testo con l'imperfetto o il passato prossimo dei verbi tra parentesi.

Come hai conosciuto Gianna?

Allora... era una sera di giugno ed ero alla festa di Matteo. Mentre parlavo al telefono, ho notato una ragazza che scherzava e rideva. Era bellissima. Aveva i capelli lunghi, portava dei pantaloni neri e una maglietta bianca. Sembrava simpatica e molto dolce. Volevo parlare con lei, ma ero un po' nervoso. Alla fine è venuta lei da me e così abbiamo parlato un po'. Prima di andare via, ho chiesto a Matteo il numero di telefono di Gianna.

Era un mattino di marzo. All'inizio .... (1. fare) bel tempo. I bambini .... (2. essere) molto felici di visitare Pisa. Dopo un po', però, ... (3. cominciare) a piovere. .... (4. continuare) a piovere per altre due ore. Quando .... (5. arrivare) a Pisa, ... (6. piovere) ancora. Non .... (7. esserci) molta gente in giro, ma anche così deserta la città .... (8. sembrare) molto bella. .... (9. essere) tutti impazienti perché volevamo salire sulla Torre pendente.

Piazza dei Miracoli, Pisa

7 Osservate le vignette e raccontate cosa è successo a Lorenzo ieri. Usate l'imperfetto e il passato prossimo.

es. 14-18
p. 75

C Avevamo deciso di andare al cinema...

 1 Ascoltate il dialogo e indicate la risposta giusta.

Alla fine i ragazzi vanno: ☐ a mangiare ☐ a teatro ☐ al cinema

2 Ascoltate di nuovo il dialogo e indicate le frasi presenti.

☐ 1. avevamo deciso di andare al cinema
☐ 2. noi volevamo andare all'Odeon
☐ 3. che Laura non aveva visto ancora
☐ 4. era andato a vedere il film qualche giorno prima
☐ 5. le critiche che avevo letto io non erano buone
☐ 6. ormai era tardi per lo spettacolo delle dieci e mezza
☐ 7. abbiamo dovuto discutere mezz'ora prima di scegliere
☐ 8. voleva andare in un posto dove era già stata

3 Completate il riassunto con i participi passati, come nell'esempio in blu.

visto ⚹ *invitato* ⚹ *letto* ⚹ *stata* ⚹ *detto* ⚹ *deciso* ⚹ *pensato*

Ieri Gianna e Sofia hanno .... (1) di andare a vedere un film di Sorrentino al cinema *Odeon*. Poi Sofia, però, ha .... (2) Laura, una sua amica, che aveva già .... (3) il film. Allora hanno .... (4) di andare a vedere una commedia con Paola Cortellesi, ma Laura non voleva. Un suo amico le aveva .... (5) che non era un bel film, anche se le recensioni che Gianna aveva *letto* (6) erano buone. Alla fine sono andate a mangiare al ristorante scelto da Laura, perché voleva andare in un posto dove non era mai .... (7)!

4 Osservate le tabelle e completate la regola.

Come si forma il trapassato prossimo?

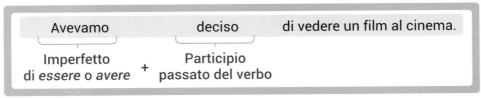

Avevamo		deciso	di vedere un film al cinema.
Imperfetto di *essere* o *avere*	+	Participio passato del verbo	

Uso del trapassato prossimo

Trapassato prossimo	Passato prossimo o Imperfetto
Laura aveva già visto il film,	perciò non siamo andati al cinema.
Avevamo deciso di andare al cinema,	ma era tardi.
1ª azione passata	2ª azione passata

Usiamo il trapassato prossimo quando parliamo di un'azione passata che avviene prima di un'altra azione ☐ passata ☐ presente ☐ futura, che è al passato prossimo o all'imperfetto.

> *I **verbi modali** all'imperfetto e al passato prossimo sono nell'Approfondimento grammaticale a pagina 210.*

5 Mettete in ordine le parole nei riquadri per completare le frasi.

1. Non ho passato l'esame   non   studiato   avevo   perché

2. Ero stanco   poco   perché   dormito   avevo

3. Ho mangiato molto a pranzo   perché   avevo   non   colazione   fatto

4. Quando sono arrivato alla stazione   partito   già   era   il treno

5. Non potevo entrare in casa: in ufficio   dimenticato   le chiavi   avevo

6. Ho incontrato Gianna,   per Palermo   era   ancora   partita   non

es. 19-22 ▸ p. 77

D Sei d'accordo?

1 Ascoltate e abbinate i dialoghi alle immagini.

 a

 b

 c

 d

2 Leggete i dialoghi e completate la tabella sotto.

1. • Cosa pensi di Paolo Sorrentino?
   • Secondo me, è un bravissimo regista. *La grande bellezza* mi è piaciuto molto!
   • Sono d'accordo con te! Infatti, ha vinto il David di Donatello per la migliore regia.

2. • Ti piacciono i film di Fellini?
   • Sì, sono geniali. Per me il più bello è *Amarcord*.
   • Mhm... non lo so, io preferisco *La dolce vita*!

3. • Carino il film, ma sicuramente non è il più divertente di Claudio Bisio.
   • Hai ragione: *Benvenuti al Sud* mi era piaciuto di più.

4. • Rosaria dice che Sofia Loren ha vinto un Oscar come migliore attrice.
   • È proprio vero! Per *La ciociara* se non sbaglio. Che gran film!
   • Mhm... Io e Lisa non siamo d'accordo! *Ieri, oggi e domani* è molto più bello.

Esprimere accordo	Esprimere disaccordo
....	....
....	....
....	No, non penso/credo.
Sì, lo penso anch'io.	Non è vero!

Attenzione: Nicola è d'accordo. / Lisa è d'accordo. / Loro sono d'accordo.

3 Completate liberamente le frasi e poi confrontatevi con i compagni di classe. Usate le espressioni dell'attività precedente per esprimere il vostro accordo o disaccordo.

> Il film italiano più bello è...

> Non sono d'accordo...

L'attore italiano più bravo / L'attrice italiana più brava: ....

Film italiano più bello: ....

Un attore italiano / Un'attrice italiana che non ti piace: ....

Un film italiano che non ti è piaciuto: ....

es. 23
p. 79

E Vocabolario e abilità

1 Osservate la copertina del DVD e scrivete le parole date.

attori ✕ *regista* ✕ *titolo del film* ✕ *premi* ✕ *trama* ✕ *recensioni della stampa*

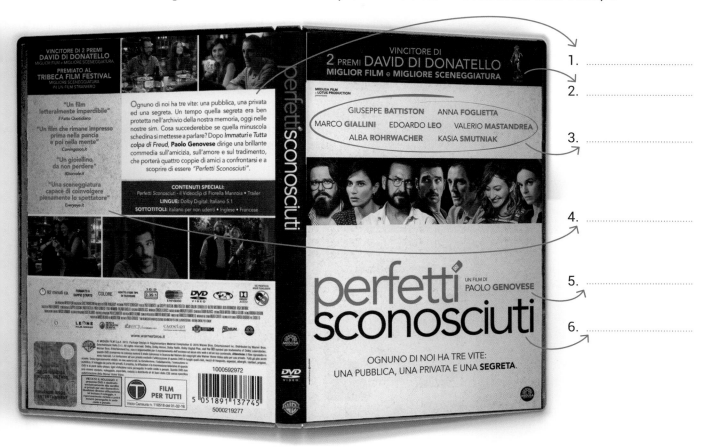

1. ....
2. ....
3. ....
4. ....
5. ....
6. ....

2 Ascolto Quaderno degli esercizi (p. 80)

es. 24-26
p. 79

3 Parliamo

1. Andate spesso al cinema? Se non ci andate spesso, qual è il motivo?
2. Come scegliete i film da vedere? In base al parere degli amici, alle recensioni, alla pubblicità, al trailer?
3. Secondo voi, un bel film deve avere: una trama interessante, musiche emozionanti, bravi attori, un regista famoso...?

4. Secondo voi, è lo stesso vedere un film al cinema e alla tv? Motivate la vostra risposta.
5. Conoscete molti attori o registi italiani? Quali? Avevate già sentito parlare degli attori o registi presentati in questa unità?
6. Avete visto qualche film italiano? Qual era la trama? Cos'altro ricordate?

4 Scriviamo

Scrivi a un amico italiano per raccontare un film italiano che hai visto e che ti è piaciuto molto. Parla della trama e degli attori, della colonna sonora e delle recensioni della stampa.

 p. 185   Test finale

Il cinema italiano: grandi registi...

Il successo del cinema italiano è legato a moltissim
registi e attori che sono molto apprezzati anche all'e-
stero.

Ladri di biciclette, di Vittorio de Sica

Vittorio de Sica è stato un attore ma soprattutto ur
importante regista del **Neorealismo**: un movimento che
cerca di dare un'immagine vera dell'Italia dopo la Seconda guerra mondiale. *Sciuscià* (1946) e *Ladri di biciclette* (1948) sono tra i suoi film più conosciuti.

Insieme a lui, altri due registi hanno segnato questo periodo: ***Luchino Visconti*** con *Ossessione* (1943) e ***Roberto Rossellini*** con *Roma città aperta* (1945).

I soliti ignoti (1958) di ***Mario Monicelli*** è tra
i film che apre la strada a un nuovo genere ci-
nematografico: la **Commedia all'italiana**. Alle
situazioni comiche* questo genere unisce sempre un'ironia nei confronti della società italiana
di quegli anni.

Il **Western all'italiana** nasce
nel 1964 grazie a ***Sergio Leo-
ne***: tra i primi film ricordiamo
Per un pugno di dollari (1964)
e *Il buono, il brutto e il cattivo*
(1966), interpretati dall'attore americano Clint Eastwood
e accompagnati dalle musiche del grande compositore
Ennio Morricone. Questo genere è noto in tutto il mondo come **Spaghetti western**.

Marcello Mastroianni e Totò in *I soliti ignoti*

*Tra i registi contemporanei più amati e
premiati, ricordiamo:*

Giuseppe Tornatore: i suoi film,
come *Nuovo cinema Paradiso*
(Oscar nel 1990) e *Baarìa*, spesso
ambientati in Sicilia, raccontano
storie poetiche e a volte un po'
malinconiche, tristi.

Gabriele Salvatores ha vinto nel
1992 il premio Oscar per il miglior film
straniero con *Mediterraneo*. Un altro
suo bel film è *Io non ho paura*, tratto dal
romanzo di Niccolò Ammaniti.

Il successo di ***Gabriele Muccino*** comincia
con *L'ultimo bacio*, nel 2001, e arriva subito
ad Hollywood con *La ricerca della felicità*, con
Will Smith come protagonista.

La dolce vita, di Federico Fellini (1960)

Federico Fellini è tra i più ammirati registi
del mondo: ha vinto quattro Oscar per il miglior film straniero e un Oscar alla carriera. Tra
i suoi capolavori: *La dolce vita*, *8 ½*, *Amarcord*.

Insieme a ***Bernardo Bertolucci***, ***Michelan-
gelo Antonioni*** e ***Pier Paolo Pasolini***, rap-
presenta fin dagli anni '60 il grande **cinema
d'autore**.

...e grandi attori

Oltre ad interpreti di grande talento, come Marcello Mastroianni e Sofia Loren, e a grandi comici del passato, come Totò ("il principe della risata") e Alberto Sordi (che interpretava l'italiano medio, con i suoi pregi e i suoi difetti*), il cinema italiano oggi ha tanti attori di successo internazionale.

Roberto Benigni in *Pinocchio*

Riccardo Scamarcio e Laura Chiatti in *Io che amo solo te*

Roberto Benigni è un attore comico e regista: ha vinto tre Oscar per il film *La vita è bella*. Tra i suoi migliori film: *Johnny Stecchino*, *Il mostro* e *Pinocchio*.

Carlo Verdone è un attore comico e regista. In alcuni film recita* insieme a **Paola Cortellesi**, un'attrice comica di successo molto amata dagli italiani.

Riccardo Scamarcio diventa famoso con il film *Tre metri sopra il cielo* (2004), tratto dal romanzo di Federico Moccia. Ha recitato in moltissimi film italiani e stranieri.

Pierfrancesco Favino (a destra nella foto con Kim Rossi Stuart e Claudio Santamaria) oggi è un attore conosciuto anche all'estero: ha recitato con Tom Hanks, Brad Pitt, Ben Stiller...

Romanzo criminale, di Michele Placido

Stefano Accorsi, come Favino, è legato professionalmente ai registi Gabriele Muccino e Ferzan Özpetek. Ha recitato anche in molti film francesi. Tra i suoi successi: *Veloce come il vento*.

---

 1 Leggete i testi e, in coppia, rispondete alle domande.

1. Cos'hanno in comune De Sica e Benigni?
2. Citate due film italiani che hanno vinto l'Oscar.
3. Chi sono gli attori comici che hanno fatto la storia del cinema italiano?
4. Qual è il nome tipico dei film western italiani?
5. Quali caratteristiche hanno i film di Tornatore?
6. Con quali registi hanno spesso lavorato Favino e Accorsi?

> **Glossario.** *comico*: della commedia, che fa ridere; *pregi e difetti*: caratteristiche positive e negative di una persona/cosa; *recitare*: avere un ruolo in un film o a teatro.

Attività online

2 Fate una breve ricerca su uno degli attori o registi incontrati in queste pagine e poi compilate la scheda a destra.

Presentate le informazioni che avete trovato ai compagni. Se volete, potete anche mostrare delle immagini o la locandina di un film. Espressioni utili:

- *Oggi vi presento... È nato/a nel... a...*
- *Ha girato commedie/film drammatici...*

Nome: ....

Data di nascita: ....

Genere di film: ....

Film famosi: ....

Ha lavorato con: ....

Curiosità: ....

Che cosa hai imparato nelle unità 6 e 7?

1 Sai...? Abbina le due colonne.

1. raccontare
2. ordinare al ristorante
3. esprimere accordo
4. esprimere disaccordo
5. parlare di ricordi

a. *Hai ragione, è proprio così!*
b. *Ricordo che quella sera c'era anche Gianna.*
c. *Cosa avete di buono oggi?*
d. *Non è vero.*
e. *Era tutto tranquillo, quando all'improvviso è arrivato un temporale.*

2 Abbina le frasi. Attenzione: nella colonna a destra c'è una frase in più!

1. Mentre attraversavo la strada
2. Cosa danno all'Ariston?
3. È un'attrice di grande talento!
4. Perché non prendi le lasagne?
5. I tuoi come stanno?

a. *Bene, grazie!*
b. *Il nuovo film di Sorrentino.*
c. *mi ha investito una bicicletta.*
d. *Hai ragione.*
e. *Non mi piacciono.*
f. *era passata una bicicletta.*

3 Completa.

1. Tre registi italiani: ....
   ....

2. Tre attori/attrici italiani/e del passato:
   ....

3. Il singolare di *miei*: ....

4. L'imperfetto di *fare* (seconda persona plurale):
   ....

5. Il trapassato prossimo di *arrivare* (prima persona singolare): ....

4 Scopri, in orizzontale e in verticale, le otto parole nascoste.

P	O	R	T	S	A	T	A	R	E
A	T	U	T	R	L	U	T	E	S
T	F	O	R	C	H	E	T	T	A
A	C	L	P	E	N	T	O	L	A
S	C	O	M	I	C	O	R	E	F
S	A	L	A	T	O	N	E	M	I
G	R	E	G	I	S	T	A	F	L
A	P	T	Y	D	O	M	E	N	M

Piazza e Basilica di San Marco, Venezia

Controlla le soluzioni a pagina 190. Sei soddisfatto/a?

Per cominciare...

1 Osservate le immagini per 10 secondi e poi chiudete il libro. Quali sono i quattro oggetti estranei?

2 Abbinate le parole alle immagini dell'attività precedente.

☐ succo di frutta   ☐ latte   ☐ yogurt   ☐ prosciutto   ☐ caffè
☐ Parmigiano   ☐ mele   ☐ arance   ☐ biscotti

3 Ascoltate il dialogo. Dove sono Gianna e suo padre? Di quali prodotti parlano?

4 Ascoltate di nuovo il dialogo e indicate le 4 informazioni presenti.

☐ 1. Gianna ha dimenticato la lista della spesa.
☐ 2. Il Grana Padano costa meno del Parmigiano.
☐ 3. A Gianna piacciono le mele rosse.
☐ 4. Gianna vuole comprare i biscotti ai cereali.
☐ 5. Gianna e suo padre prendono un pacco di pasta.
☐ 6. Il sabato ci sono molti clienti al supermercato.

In questa unità impariamo...	• a esprimere gioia, rammarico, disappunto • a offrire, accettare o rifiutare un aiuto • il lessico relativo alla spesa: negozi e prodotti	• i pronomi diretti (nei tempi composti e con i verbi modali) • il pronome partitivo ne • ce l'ho, ce n'è • quali sono i prodotti tipici e i mercati storici italiani

A   Al supermercato

1 Leggete il dialogo per verificare le vostre risposte all'attività precedente.

padre: Allora, prendi la lista della spesa.

Gianna: Un momento… non la trovo.

padre: Non mi dire che…

Gianna: Oh, no… ho dimenticato la lista a casa… Tranquillo, ricordo che cosa dobbiamo comprare.

padre: Sei sicura?

Gianna: Certo, papà! Allora: caffè, Parmigiano, frutta…

padre: Bene, io prendo il caffè. Prendi tu il Parmigiano? È lì, in fondo.

Gianna: Hmm.. niente Parmigiano, hanno solo Grana Padano.
Lo prendiamo, no?

padre: Per me è uguale, anzi, costa di meno. Poi, frutta: pere, banane, mele rosse…

Gianna: Eh no… lo sai che le mele rosse non mi piacciono, sono troppo dolci. Prendiamo quelle verdi, le preferisco.

padre: D'accordo. Cos'altro ci manca?

Gianna: Hmm… ah sì, i biscotti per la colazione. Proviamo questi ai cereali? Hanno meno calorie e io sono a dieta.

padre: Macché dieta, Gianna, stai benissimo così! Comunque, prendiamo anche questi al limone? A tua madre piacciono e non li compriamo da un po' di tempo.

Gianna: Bene! Ah, quasi dimenticavo… manca anche la pasta. Eccola qui. Quanti pacchi ne prendiamo?

padre: Tre, due di spaghetti e uno di fusilli.

Gianna: Sempre fusilli! Prendiamo le penne integrali?

padre: Ok… penne integrali. Contenta? E adesso subito alla cassa. Oggi è sabato e c'è una fila lunghissima.

2 Rispondete alle domande.

1. Quali mele preferisce Gianna? Perché?
2. Perché Gianna vuole comprare i biscotti ai cereali?
3. Quali biscotti piacciono alla madre di Gianna?
4. Quanti pacchi di pasta comprano?

3 In coppia. Leggete il dialogo: uno di voi è Gianna, l'altro è il padre.

4 Rileggete il dialogo e abbinate le frasi ai prodotti.

- [ ] a. Non la trovo.
- [ ] b. Lo prendiamo?
- [ ] c. Le preferisco.
- [ ] d. Non li compriamo da un po' di tempo.

❶ ❷ ❸ ❹

latte
uova
zucchero
pomodori

5 Gianna e suo padre tornano a casa. Leggete il dialogo e completate con i pronomi dati.

lo × mi × le × lo × lo × lo × li × la × lo × le × la × li

padre: Siamo tornati...
madre: Avete preso i biscotti, no?
padre: Sì, ... (1) abbiamo presi. Due confezioni, erano in offerta!
madre: Ai cereali? Ma preferisco quelli al limone, ... (2) sai.
padre: *Lo* (3) so. Certo che .... (4) so. Infatti .... (5) abbiamo presi.
madre: Grazie, tesoro... la mozzarella? Qui nei sacchetti non .... (6) vedo.
Gianna: Oh no! Abbiamo dimenticato la mozzarella! Però abbiamo preso il Grana Padano. .... (7) mangi, vero?
madre: Certo.
Gianna: Meno male!
madre: Poi... pere, banane... e le arance dove sono? Non .... (8) avete prese?
padre: Gianna, non avevi detto che ricordavi tutta la lista a memoria?
Gianna: .... (9) sapevo che mancava qualcosa... scusate! Comunque, abbiamo preso anche le mele!
madre: Eh, però avete preso le mele verdi! Perché non avete comprato quelle rosse?
padre: *Mi* (10) ha convinto Gianna a comprarle. Perché? Non .... (11) mangi più?
madre: Mah, preferisco quelle rosse, sono più dolci.
padre: Uffa, Maria! La prossima volta la spesa è meglio se .... (12) fai tu.

6 Scrivete nel vostro quaderno un breve riassunto dei dialoghi che avete letto.

7 Osservate le frasi e poi completate la tabella.

1. • Quando rivedrete le vostre amiche?   • Le rivedremo la prossima settimana.
2. • Che tipo è Sergio?   • Noi lo troviamo simpatico.
3. • Conosci Gianna, la sorella di Carlo?   • Sì, la conosco bene.
4. • Chi chiama Carlo e Daniele?   • Li chiamo io.

I pronomi diretti

mi	ha convinto tua sorella	(*ha convinto me*)
ti	ascolto con attenzione	(*ascolto te*)
....	troviamo simpatico	(*troviamo lui*)
....	conosco bene	(*conosco lei*)
La	ringrazio	(*ringrazio Lei*)
ci	accompagna a casa	(*accompagna noi*)
vi	prego di non fumare	(*prego voi*)
....	chiamo io Carlo e Daniele	(*chiamo loro*)
....	rivediamo la prossima settimana	(*rivediamo loro*)

8 Sostituite le parole in blu con un pronome, come nell'esempio. Poi completate la regola.

Non compro mai le uova al supermercato. → *Non le compro mai al supermercato.*

1. Faccio la pizza ogni fine settimana.
2. Stasera chiamerò Paola e Carla per sapere come stanno.
3. Perché oggi non cuciniamo gli spaghetti?
4. Conosci Dario?
5. Quando Serena vedrà me e la mia ragazza insieme, capirà tutto.

Mettiamo il pronome...   a. ☐ prima del verbo   b. ☐ dopo il verbo

es. 1-4
p. 83

9 Osservate queste frasi.

Gianna, non avevi detto che ricordavi tutta la lista a memoria?

Lo sapevo che mancava qualcosa...

Ma lo sai che preferisco quelli al limone.

Lo so. Certo che lo so.

 Adesso, in coppia, completate le risposte con *lo so* e *lo sapevo*.

1. Sai quanto costa un litro di latte?   No, non ....
2. Sapevi che Luca aveva un figlio?   Sì, ...
3. Sai che Lidia ha trovato lavoro?   Sì, ...
4. Lo sapevi che Giacomo ha 28 anni?   No, non ....

es. 5
p. 84

3 Che bello!

1 Ascoltate e abbinate le frasi ai disegni.

2 Adesso leggete le frasi e indicate in quali casi la persona che parla è contenta e in quali no. Poi completate la tabella sotto con le espressioni in blu.

a. Che peccato! È finito il latte! Beh, la torta la farò un altro giorno.

b. Che rabbia! Mamma manda sempre me a fare la spesa!

c. Che bella giornata! Finalmente non piove più!

d. ● Hai visto? Jovanotti darà due concerti a maggio.
    ● Che bella notizia! Non sono mai stata ad un suo concerto.

e. Accidenti! C'è sciopero dei mezzi anche oggi!

Esprimere gioia	Esprimere rammarico, disappunto
Che bello!	*Peccato!*
Che bella idea!	....
....	*Mannaggia!*
Che bella sorpresa!	....
....	*Che brutta notizia!*
Che fortuna!	....

3 Sei *A* e dici a *B* che:

- *non puoi andare con lui/lei al cinema*
- *un vostro amico ha vinto una borsa di studio*
- *hai perso un suo libro*
- *hai un biglietto in più per il concerto del suo cantante preferito*
- *pensi di invitare a cena i compagni di classe*

Sei *B*: rispondi ad *A* con le espressioni della tabella di pagina 119.

es. 6 p. 8

C Quanto ne vuole?

1 Al negozio di alimentari. Mettete in ordine il dialogo.

1	• *Buongiorno signora, desidera?*
	• *Due etti. Anzi, no, ne prendo tre.*
	• *Ecco a lei. Desidera altro?*
	• *No, ne prendo due.*
	• *Sì, vorrei del latte fresco.*
	• *Basta un litro?*
	• *Buonissimo! Quanto ne vuole?*
	• *Buongiorno. Vorrei del prosciutto crudo. È buono?*

un etto = 100 grammi

2 Osservate la tabella e rispondete alle domande sotto.

Il pronome partitivo *ne*

- Quanti caffè bevi al giorno?
- Vuole anche del pane, signora?
- Hai bevuto molto vino ieri?
- Conosci quelle ragazze?

- **Ne** bevo almeno due.
- Sì, **ne** vorrei un chilo.
- No, **ne** ho bevuto solo un bicchiere.
- No, non **ne** conosco nessuna.

Attenzione: • *Conosci gli amici di Alberto?* • *Sì, li conosco tutti.*

1. Queste magliette sono in offerta. Io ne prendo un paio. Tu? (*tre*)
2. Di pomodori quanti ne vuole, signora? (*un chilo*)
3. Compri l'acqua frizzante? (*sì, una dozzina di bottiglie*)
4. Quanti esercizi abbiamo per mercoledì? (*quattro*)
5. Compri tutti questi libri? (*no, solo uno*)

es. 7-8 p. 85

D   Dove li hai comprati?

1 Leggete il dialogo e rispondete alle domande.

Marta: Questi dolci sono davvero buoni! Dove li hai comprati?

Giulia: Li ho comprati proprio stamattina dalla nuova pasticceria in via Verdi.

Marta: Ah sì, l'ho vista ieri mentre tornavo dal supermercato. Ha anche delle torte molto buone alla frutta, mi pare.

Giulia: Sì, è vero, sembrano buone ma purtroppo non le ho ancora provate! Alessia, però, mi ha detto che ne ha ordinata una per la festa di Fabrizio, la prossima settimana... ma che c'è?

Marta: Niente... È che Alessia non mi ha invitata alla festa, mentre io l'anno scorso l'ho invitata al mio compleanno.

Giulia: Davvero?! Comunque non sei l'unica, sai. Ricordi Dino, il cugino di Fabrizio? Non l'hanno invitato perché hanno litigato.

Marta: Che peccato! Secondo me, Dino è una persona simpatica. L'ho conosciuto proprio al matrimonio di Alessia e Fabrizio un anno fa.

---

1. Dove ha comprato i dolci Giulia?
2. Perché Alessia ha ordinato una torta?
3. Perché Marta è dispiaciuta?
4. Chi altro non andrà alla festa di Fabrizio? E perché?

---

2 Leggete di nuovo il dialogo precedente e completate la tabella.

I pronomi diretti nei tempi composti

Dino	l'	ho	conosciut........	al matrimonio di Alessia e Fabrizio.
la pasticceria	....	ho	vist *a*	ieri mentre tornavo dal supermercato.
i dolci	....	ho	comprat *i*	stamattina in pasticceria.
le torte	le	ho	provat........	e sono buone.

Attenzione: *Signor Pieri, L'ho chiamata ieri sera.*

Di biscotti	....	ho	pres *o*	un pacco.
Di torte alla frutta	ne	ha	ordinat........	una per la festa di Fabrizio.
Di spaghetti	ne	ho	cucinat........	due chili.
Di mele	....	ho	mangiat *e*	poche.

3 *A sceglie tre domande e B risponde, come nell'esempio. Poi è B che fa le domande ed A risponde.*

> Hai mai mangiato la panna cotta?

> Sì, l'ho mangiata alcuni giorni fa.

> No, non l'ho mai mangiata.

1. Hai mai visitato i Musei Vaticani?
2. Quanta acqua hai bevuto oggi?
3. Avete mai fatto la pasta in casa?
4. Quante fette di torta hai mangiato?
5. Avete portato il vino?
6. Hai visto la mia nuova bicicletta?

es. 9-12
p. 85

4 Lavorate in coppia. Sottolineate la forma verbale giusta.

Marcello: Dario, ho sentito che Rosaria andrà a vivere in Spagna! Tu lo sapevi / la sapevi (1)?

Dario: Sì, lo sapevo. L'ha saputa / L'ho saputo (2) da sua sorella.

Marcello: Ma come mai ha preso una decisione del genere?

Dario: Andrà a vivere insieme a quel ragazzo spagnolo, Manuel.

Marcello: Ma allora la cosa è seria. Ma dove lo conosceva / l'ha conosciuto (3) questo Manuel?

Dario: Lo conosce / Lo aveva conosciuto (4) due o tre anni fa. Poi l'estate scorsa lui l'ha invitata a Tenerife e lì è cominciato tutto.

Marcello: Ma tu come fai a sapere tutte queste cose?

Dario: Sapevo da tempo che Manuel piaceva molto a Rosaria. Il resto l'ho saputo / l'ho conosciuto (5) da Anna.

Marcello: Eh, come sempre Anna sa tutto di tutti!

5 Osservate le parti in blu nella tabella e verificate le vostre risposte all'attività precedente.

• Sapevi che andranno a vivere insieme?	• Non lo sapevo.
• Non hanno invitato Dino perché hanno litigato.	• Sì, l'ho saputo da un'amica comune.
• Conoscevi la sorella di Loredana?	• Sì, la conoscevo già.
• Ricordi Dino?	• Sì, l'ho conosciuto un anno fa.

es. 13
p. 87

E Ti posso aiutare?

1 Ascoltate i mini dialoghi e indicate se la persona che parla accetta o rifiuta l'aiuto.

	Accetta l'aiuto	Rifiuta l'aiuto
1.		
2.		
3.		
4.		
5.		
6.		

2 Ascoltate di nuovo e sottolineate le espressioni che sentite.

Offrire collaborazione/aiuto
Ti posso aiutare?
Vuoi una mano?
(Come) posso essere d'aiuto?
Hai bisogno di aiuto / di qualcosa?
Posso fare qualcosa (per te/per Lei)?
La posso aiutare?

Accettare
Grazie, sei molto gentile!
Come no?! / Volentieri!
La ringrazio tanto!

Rifiutare
Grazie, non è niente.
No, grazie!
Grazie, faccio da solo.

 3 Usate le espressioni dell'attività precedente e, a turno, offrite aiuto a un compagno che si trova nelle seguenti situazioni. Lui/lei accetta o rifiuta l'aiuto.

- *Ha molti pacchi da portare.*
- *Non riesce a trovare i biglietti per uno spettacolo teatrale.*
- *Sembra molto stressato.*
- *Non trova un appartamento vicino all'università.*
- *Al supermercato non riesce a trovare la pasta.*

es. 14
p. 87

4 Leggete il dialogo e indicate l'affermazione corretta.

nonna: Accidenti, è finito il caffè! Stefania, per favore, puoi andare al supermercato all'angolo?

Stefania: Nonna, mi dispiace, ma ora non posso proprio aiutarti! Sono occupata con la ricerca di storia. La devo assolutamente finire oggi.

nonna: Dai, ci vogliono cinque minuti.

Stefania: E Mario? Non può andarci lui?

nonna: Mario non è ancora tornato, il martedì esce più tardi da scuola.

Stefania: Ah, già. Ma hai bisogno del caffè proprio adesso? Più tardi devo uscire, non lo posso comprare dopo?

nonna: No, perché fra un po' arriva la signora Marini, non posso andarci io!

Stefania: Ah, non lo sapevo. D'accordo, nonna! Quanto ne devo comprare?

nonna: Due pacchi vanno bene.

Stefania: Ok, ci vado subito.

nonna: Grazie, tesoro.

1. Stefania non vuole uscire perché
   - a. il supermercato è troppo lontano.
   - b. deve finire un compito.
   - c. non sta molto bene.

2. Mario
   - a. non è a casa.
   - b. non vuole mai andare a fare la spesa.
   - c. è ancora troppo piccolo per uscire da solo.

3. La nonna non può uscire perché
   - a. deve aspettare Mario.
   - b. non sta bene.
   - c. aspetta una sua amica.

5 Rileggete il dialogo e poi completate la tabella.

I pronomi diretti con i verbi modali

Mi puoi portare a casa? Ora non ti posso proprio aiutare.	Puoi portarmi a casa? .... Non posso comprarlo dopo? Devo assolutamente finirla oggi.
La posso aiutare? Ci vogliono vedere. Non vi possono incontrare. Li/Le devo chiamare subito.	Posso aiutarla? Vogliono vederci. Non possono incontrarvi. Devo chiamarli/le subito.
(di caffè)	Quanto devo comprarne?

6 Osservate la posizione dei pronomi nella tabella precedente
e indicate le due risposte giuste.

I pronomi diretti vanno:

- ☐ • dopo *dovere/potere/volere*
- ☐ • prima dell'infinito
- ☐ • dopo l'infinito
- ☐ • prima di *dovere/potere/volere*

> Attenzione:
> ~~Voglio lo vedere.~~
> errore! ↙

7 Trasformate le frasi
come nell'esempio.

> Per cena voglio preparare
> il pesce alla griglia.

a. Lo voglio preparare per cena.

b. Voglio prepararlo per cena.

1. Devi parcheggiare la moto proprio qui?
2. Oggi non possiamo fare la spesa, andremo domani.
3. I Santoro vogliono invitare i tuoi genitori alla festa.
4. Potete prendere due chili di mele dal fruttivendolo?
5. È tardi! Devo accompagnare le bambine a scuola.

es. 15-16
p. 88

F Vocabolario

1 Dove compriamo...?
Abbinate i prodotti ai negozi.

1. un dizionario
2. un mazzo di rose
3. uno yogurt
4. i dolci
5. una medicina
6. un chilo di arance
7. il pane
8. il pesce

b ☐
farmacia

c ☐
pasticceria

a ☐
fioraio

f ☐
pescivendolo

g ☐
panetteria

d ☐
libreria

e ☐
fruttivendolo

h ☐
supermercato

2 Abbinate i contenitori ai prodotti.

| lattina | tubetto | vasetto | scatoletta | bottiglia | pacco |

di

| acqua | aranciata | spaghetti | dentifricio | marmellata | tonno |

es. 17-1
p. 89

G No, non ce l'ho!

1 Franco e Dario vogliono preparare una torta alle carote per una festa. Leggete il dialogo e indicate se le affermazioni sono vere o false.

carote

Franco: Ce li hai tutti gli ingredienti per fare la torta?

Dario: Vediamo… Le carote ce le ho. Poi che cos'altro serve?

Franco: Beh, la farina, lo zucchero…

Dario: Lo zucchero… No, non ce l'ho. La farina, invece, sì. L'ho presa due giorni fa.

Franco: Perfetto… il lievito ce l'hai, vero?

Dario: Sì, ce n'è… Eccolo! Basta una bustina, no?

Franco: Sì, va bene. L'olio c'è?

Dario: Sì, ma ce n'è poco. Dobbiamo comprarlo.

Franco: Allora ci servono soltanto lo zucchero e l'olio.

Dario: No, aspetta. Manca pure la farina.

Franco: Ma come?! Non avevi detto che ce l'avevi?

Dario: È vero, ma il pacco è quasi vuoto. L'avrà usata sicuramente mia sorella ieri per fare i biscotti.

Franco: Ho capito, controlliamo di nuovo se abbiamo tutti gli ingredienti. Non mi va di andare due volte al supermercato!

	V	F
1. Dario ha la farina e lo zucchero.		
2. Dario ha dimenticato di comprare il lievito.		
3. L'olio che ha Dario non è abbastanza.		
4. Bisogna comprare la farina perché ce n'è poca.		
5. Franco non vuole andare al supermercato.		

2 Rileggete il dialogo e completate la tabella.

• Hai lo zucchero?	• No, ...
• Hai la lista della spesa?	• Sì, ce l'ho.
• Hai tu i nostri sacchetti?	• Sì, ce li ho io.
• Hai le carote per la torta?	• Le carote ....

Ma:	
• L'olio c'è?	• Sì, ma .... poco.
• Ci sono abbastanza olive verdi?	• No, non ce ne sono più.

3 Osservate la tabella e rispondete alle domande che seguono.

1. Quante bottiglie di acqua ci sono nel frigorifero? (*una*)
2. C'è qualche supermercato qua vicino? (*due*)
3. Chi ha i nostri passaporti? (*Pamela*)
4. Hai tu il regalo di Sara? (*no*)
5. Avete le chiavi di casa? (*sì*)

 es. 19 p. 89

 **Abilità**

1 Ascolto Quaderno degli esercizi (p. 90)

2 Situazioni

1. *A* e *B* devono andare al supermercato e fanno la lista della spesa. Osservate il disegno delle cose che mancano e fate un dialogo. Indicate anche la confezione e la quantità di ogni prodotto.

2. *A* va in un negozio di alimentari per comprare alcuni prodotti (lista della spesa a sinistra). *B* è il negoziante. Immaginate il dialogo. Espressioni utili: *prego signora/e..., desidera..., vorrei anche...*

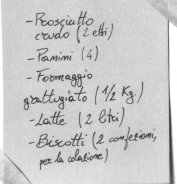

- Prosciutto crudo (2 etti)
- Panini (4)
- Formaggio grattugiato (½ Kg.)
- Latte (2 litri)
- Biscotti (2 confezioni, per la colazione)

3 Scriviamo [80-100]

Scrivi una breve storia cominciando con queste parole: "Quel giorno al supermercato è successo qualcosa di strano/insolito...". Ecco alcune possibili idee: incontri una persona famosa / perdi o non trovi il portafoglio...

 es. 20-22 p. 90 p. 186 Test finale

Mercati storici d'Italia

Ecco cinque mercati storici in Italia da non perdere e dove possiamo trovare oggetti particolari ma anche generi alimentari*.

Mercato orientale di Genova

È nel centro di Genova e qui possiamo trovare i migliori ingredienti per cucinare: olio, basilico, acciughe* e soprattutto delle speciali erbe aromatiche* per preparare piatti tipici.

Mercato Centrale di Livorno

Il Mercato Centrale di Livorno è uno dei mercati coperti più grandi d'Europa, dove è possibile trovare generi alimentari freschi tutti i giorni della settimana.

adattato da
www.quotidiano.net

Ballarò a Palermo

In questo mercato troviamo soprattutto frutta, verdura, pesce e carne. Altri mercati da visitare a Palermo sono il Capo, dove i palermitani vanno a fare la spesa di tutti i giorni, e la Vucciria, famosa per lo street food a buon prezzo.

Mercato di Porta Palazzo di Torino

Luogo di incontro e di folklore*, è uno dei mercati all'aperto più grandi d'Europa, dove si trova un po' di tutto: cibo, abbigliamento, calzature*, casalinghi* e così via. Il mercato è aperto tutti i giorni tranne* la domenica.

Mercato di Rialto a Venezia

Ha lo stesso nome del famoso ponte, ha più di mille anni ed è coloratissimo. Ancora oggi i veneziani lo frequentano per comprare soprattutto frutta, verdura e pesce per preparare i piatti tipici della loro cucina.

1 **Leggete i testi e rispondete alle domande.**

1. Che cosa possiamo trovare nei mercati storici italiani?
2. Quali particolari prodotti troviamo al mercato di Genova?
3. Quali mercati sono chiusi la domenica?
4. Quali sono i tre mercati principali di Palermo?
5. Che cosa hanno in comune il Mercato Centrale di Livorno e quello di Porta Palazzo di Torino?
6. Quale di questi mercati ti interessa di più? Perché?

Glossario. *generi alimentari*: alimenti, prodotti da mangiare; *acciuga*: specie di pesce; *erbe aromatiche*: piante profumate che usiamo in cucina; *folklore*: le tradizioni; *calzature*: scarpe; *casalinghi*: oggetti per la casa; *tranne*: ma non.

Prodotti tipici italiani

Sono più di 150 i prodotti tipici italiani che hanno avuto il riconoscimento DOP (denominazione di origine protetta) dall'Unione Europea. Ne conoscete qualcuno? I più conosciuti sono probabilmente questi tre.

Parmigiano Reggiano

È il re dei formaggi italiani, nasce nella pianura padana, nel Nord Italia, e ha una lunga storia (lo troviamo anche nel *Decameron* di Boccaccio). Con il suo sapore delicato* e gustoso* allo stesso tempo, il Parmigiano Reggiano, grattugiato o a pezzi, è protagonista di antipasti, primi, secondi, contorni. Inoltre, è un alimento preziosissimo: energetico ma non grasso.

Prosciutto di Parma

La differenza tra il prosciutto di Parma e tutti gli altri è il suo sapore dolce dovuto al clima della zona di produzione e al particolare processo di stagionatura* naturale (14-24 mesi) delle cosce* di maiale. Alimento genuino*, dolce e saporito al tempo stesso, è ideale per ogni occasione e per ogni gusto.

Mozzarella di bufala* campana

Simbolo dell'Italia in tutto il mondo come ingrediente base della pizza, la ritroviamo in mille ricette della dieta mediterranea. Le origini di questo formaggio fresco si perdono nella leggenda, al III secolo a.C.*, quando Annibale porta in Italia i bufali.
Consiglio: è preferibile conservarla fuori dal frigorifero, a temperatura ambiente.

---

1 Abbinate le affermazioni al testo giusto (A, B, o C).

- ☐ 1. Il suo sapore particolare è dovuto alla zona di produzione.
- ☐ 2. Un ingrediente che è utilizzato in tanti piatti oltre alla pizza.
- ☐ 3. Lo troviamo in molti piatti: antipasti, primi, secondi e contorni.
- ☐ 4. Di questo prodotto ha parlato anche un famoso scrittore.

> **Glossario.** *stagionatura*: maturazione, periodo necessario per ottenere il sapore desiderato; *coscia*: la parte sopra il ginocchio; *genuino*: naturale; *delicato*: leggero, non forte; *gustoso*: piacevole; *bufala*: animale simile alla mucca, ma più grande e di colore nero; *a.C.*: avanti Cristo.

2 Scegliete uno di questi prodotti DOP e cercate online le informazioni richieste. Poi presentate il prodotto alla classe.

> aceto balsamico di Modena ✕ Grana Padano ✕ pecorino romano
> pomodoro San Marzano ✕ mela Val di Non ✕ pistacchio verde di Bronte

- *Quali sono le origini del prodotto?*
- *Quali sono le caratteristiche del prodotto?*
- *Dove possiamo trovarlo?*
- *Come lo possiamo mangiare o cucinare?*
- *È un prodotto famoso nel mondo?*

Attività online

Che cosa hai imparato nelle unità 7 e 8?

1 Sai...? Abbina le due colonne.

1. esprimere rammarico	☐ a. *Vuoi una mano?*
2. offrire aiuto	☐ b. *Grazie, ma faccio da solo.*
3. esprimere disaccordo	☐ c. *Accidenti! Ma perché proprio oggi?*
4. rifiutare l'aiuto	☐ d. *Hai ragione, è colpa mia.*
5. esprimere accordo	☐ e. *Mah, non credo.*

2 Abbina le frasi. Attenzione: c'è una risposta in più!

1. Quanto ne vuole?	☐ a. *Veramente l'ho appena saputo.*
2. Ma tu lo sapevi già?	☐ b. *No, meglio un contorno.*
3. Quale vuoi?	☐ c. *Due etti, grazie.*
4. Posso essere d'aiuto?	☐ d. *Li voglio tutti e due.*
5. Niente secondo?	☐ e. *Accidenti!*
	☐ f. *Grazie, molto gentile.*

3 Completa.

1. Quanti etti ci vogliono per fare mezzo chilo? ....
2. Due negozi che non vendono alimenti: ....
3. L'imperfetto di *essere* (prima persona plurale): ....
4. Il singolare del pronome diretto *ci*: ....
5. Il plurale di *l'ho vista*: ....

4 In ogni negozio trova il prodotto estraneo.

1. negozio di alimentari: *latte | prosciutto | zucchero | fiori*
2. farmacia: *medicine | acqua minerale | dentifricio | shampoo*
3. macellaio: *pollo | pesce | maiale | bistecche*
4. fruttivendolo: *formaggio | banane | arance | mele*

Controlla le soluzioni a pagina 190. Sei soddisfatto/a?

Il Duomo, Firenze

Andiamo a fare spese   Unità 9

Per cominciare...

1 Lavorate in coppia, parlate di cosa conoscete della moda italiana e poi scrivete:

- il nome di tre stilisti italiani
- due capi di abbigliamento
- tre colori
- il nome di una città famosa per la moda

2 Completate con le parole date. Poi ascoltate il dialogo e indicate di quali capi d'abbigliamento parlano Luisa ed Enrico.

jeans × *scarpe da tennis* × *giacca* × *pantaloni*

1. ☐ camicia

2. ☐ ....

☐ ....

4. ☐ gonna

5. ☐ vestito

6. ☐ calzini

7. ☐ ....

8. ☐ ....

9. ☐ maglietta

10. ☐ cappotto

3 Ascoltate di nuovo il dialogo e indicate le affermazioni corrette.

1. Enrico
   - ☐ a. è libero sabato mattina.
   - ☐ b. è libero sabato pomeriggio.
   - ☐ c. è impegnato tutta la giornata.

2. Il sabato Enrico
   - ☐ a. si sveglia sempre tardi.
   - ☐ b. prepara la colazione per Luisa.
   - ☐ c. esce con i suoi amici.

3. Luisa ha bisogno di nuovi vestiti
   - ☐ a. per andare a una festa.
   - ☐ b. per il lavoro.
   - ☐ c. per fare sport.

4. Il centro commerciale
   - ☐ a. ha un nuovo negozio di abiti eleganti.
   - ☐ b. non è molto affollato il sabato.
   - ☐ c. fa degli sconti questo fine settimana.

In questa unità impariamo...	• ad esprimere azioni quotidiane • a parlare di abbigliamento (colori, taglie/numeri, stile) e a fare spese (prezzo, forme di pagamento) • a chiedere ed esprimere un parere	• i verbi riflessivi e riflessivi reciproci • i verbi riflessivi nei tempi composti e con i modali • la forma impersonale e le espressioni impersonali • alcune curiosità sulla moda italiana

A Ogni giorno i soliti vestiti!

1 Leggete il testo e verificate le vostre risposte all'attività precedente.

Luisa: Amore, hai impegni per domani?

Enrico: Mah, sì, vado solo a giocare a tennis con Lorenzo.

Luisa: Ah, a che ora?

Enrico: Abbiamo prenotato il campo per le cinque, perché?

Luisa: Perfetto, allora la mattina possiamo andare al centro commerciale dietro al Duomo. Che ne dici?

Enrico: Ma è sabato, mi sveglio sempre più tardi!

Luisa: Va bene, ci alziamo con comodo, facciamo colazione e poi andiamo.

Enrico: Ma... devi andarci proprio domani? Sarà pieno di gente!

Luisa: Sì, è il mio unico giorno libero e devo comprare qualcosa per l'ufficio. Mi metto ogni giorno i soliti vestiti! Non so, vorrei dei pantaloni neri e forse una bella gonna o una giacca...

Enrico: Ho capito. Ma tua sorella non può venire con te?

Luisa: No, ha da fare. Hai poca voglia di fare shopping con me o sbaglio?

Enrico: No, scherzi? Però forse possiamo evitare il centro commerciale. Ti ricordi di Gianna, l'amica di Lorenzo? Eh, proprio ieri hanno scoperto un nuovo negozio di abbigliamento, bello e non molto caro: ha vestiti eleganti, camicie, accessori vari...

Luisa: Però al centro commerciale questo fine settimana ci sono delle offerte! E poi scusa, tu non volevi comprare un nuovo paio di scarpe da tennis?

Enrico: Già, è vero. Bene, però alle quattro dobbiamo essere a casa, ok?

Luisa: Sì, sì, tranquillo.

2 In coppia, leggete il dialogo: uno di voi è Luisa, l'altro Enrico. Poi rispondete alle domande.

1. Perché Luisa vuole andare al centro commerciale?
2. Perché Enrico non vuole andarci di sabato?
3. Cosa vuole comprare Enrico?
4. A che ora devono tornare a casa?

3 Osservate il verbo in blu nell'esempio a destra e sottolineate nel dialogo altri verbi simili.

Ma è sabato, mi sveglio sempre più tardi!

4 Lorenzo riceve un messaggio da Enrico. Completate la chat con i verbi dati, come nell'esempio in blu.

mi divertirò × *ti sentirai* × *si annoia* × *ci vediamo* × *ti rilassi*
mi sono svegliato × *si conoscono*

Ehi, come va? Oggi niente tennis per me. Stamattina *mi sono svegliato* (1) con un raffreddore terribile. _____ (2) un'altra volta!

Nooo! Dai, se ti riposi, forse _____ (3) meglio!

Povero me, dovrò stare al centro commerciale con Luisa tutto il giorno! _____ (4) moltissimo ! ☹ ☹

Ahaha! Se Luisa vuole, posso chiedere a Gianna di accompagnarla. Così mentre loro _____ (5) meglio, tu _____ (6) un po' a casa. Lei non _____ (7) di sicuro ad andare in giro per i negozi! 😊

5 Scrivete brevemente che cosa faranno sabato Enrico e Luisa.

6 Quale frase sotto corrisponde alla foto?

☐ a. Enrico sveglia Luisa.
☐ b. Enrico si sveglia.

7 Completate la tabella con i pronomi riflessivi che avete visto nell'attività A4.

I verbi riflessivi

sveglia rsi		
io	.... sveglio	più tardi il sabato.
tu	.... svegli	da solo?
lui, lei, Lei	.... sveglia	alle 8.
noi	.... svegliamo	presto per andare al lavoro.
voi	vi svegliate	facilmente?
loro	si svegliano	sempre alla stessa ora.

8 Leggete le frasi e scegliete l'alternativa giusta.

1. Il signor Pedrini si veste/ci veste molto bene.
2. Scusi, Lei come ti chiama/si chiama?
3. Quando guardo la tv, mi addormento/ci addormenta sempre.
4. Enrico e Luisa si divertono/ci divertono moltissimo al centro commerciale.
5. Io e Lorenzo ci prepariamo/vi prepariamo a giocare a tennis.
6. Gianna, non ti senti/ti sentiamo bene?

es. 1-5
p. 96

9 Nell'attività A4 abbiamo visto i riflessivi *ci vediamo* e *si conoscono*. Completate la tabella e poi formate delle frasi con i verbi tra parentesi.

I verbi riflessivi reciproci

Io incontro te al bar. / Tu incontri me al bar.	➡	(noi) Ci .... al bar.
Tu ami tanto Flavia. / Flavia ama tanto te.	➡	Tu e Flavia vi .... tanto.
Luisa saluta Gianna. / Gianna saluta Luisa.	➡	(loro) Luisa e Gianna si ....

1. I miei genitori, dopo tanti anni (*amarsi*) ancora come il primo giorno.
2. Quei due quando (*incontrarsi*) per strada non (*salutarsi*) mai.
3. Dopo tanti anni mio fratello e suo suocero (*darsi*) ancora del Lei.
4. Tu e Lidia (*sentirsi*) spesso per telefono.
5. Allora, (noi, *vedersi*) alle 8 in piazza.

es. 6-7
p. 97

10 Completate le battute con i pronomi (*mi, si*) e i participi passati (*incontrate, sentita, visti*).

Adesso completate la regola!

Nei tempi composti, i verbi riflessivi hanno l'ausiliare ....

11 Fate le domande al passato prossimo al vostro compagno, che risponde come nell'esempio.

Ti sei svegliato presto oggi?

Sì, mi sono svegliato presto.

1. A che ora (*alzarsi*) questa mattina?
2. Tu e Gabriella (*voi, conoscersi*) un anno fa?
3. Ieri sera (*addormentarsi*) davanti alla tv?
4. Perché tu e Paolo non (*voi, salutarsi*), avete litigato?
5. Marco, ieri (*annoiarsi*) veramente alla festa di Alba?
6. Lo scorso fine settimana (*tu, vedersi*) con gli amici?

es. 8-10
p. 98

B   La posso provare?

 1 Ascoltate il dialogo: chi parla?
Dove si trovano?

45 **2** Ascoltate di nuovo il dialogo tra Enrico e la commessa e
indicate se le affermazioni sono vere o false.

	V	F

1. Enrico ha visto una giacca di lino e seta in vetrina.
2. La commessa mostra a Enrico anche un paio di scarpe.
3. La prima giacca che Enrico prova è stretta.
4. La taglia di Enrico non c'è.
5. Enrico paga con il bancomat.

3 Leggete il dialogo e verificate le vostre risposte.

commessa: Buongiorno! Desidera?

Enrico: Buongiorno! Ho visto una giacca in vetrina che mi piace molto. È di lino, credo.

commessa: È un tessuto misto... lino e seta. Di che colore la vuole?

Enrico: Quella fuori è celeste, vero? C'è anche in grigio?

commessa: Credo di sì. Ecco, c'è in grigio, nero e marrone. Che taglia porta?

Enrico: La 48.

commessa: Vediamo un po'... sì, eccola.

Enrico: La posso provare?

commessa: Certo, il camerino è là, in fondo a sinistra. ...Come va la giacca?

Enrico: Mi piace molto, ma è un po' stretta. Posso provare una taglia più grande?

commessa: Sì, certo. Controllo se ce l'abbiamo. Eccola, prego.

Enrico: Sì, questa va benissimo. Quanto costa?

commessa: Costa 69 euro e 50 centesimi, ma c'è uno sconto del 20%. Quindi... 55 euro e 60.

Enrico: Perfetto! La prendo.

commessa: Bene... paga in contanti?

Enrico: Posso pagare con il bancomat?

commessa: Certo!

4 Cercate nel dialogo le espressioni utili per
fare acquisti e completate le tabelle.

Parlare del colore

Di che colore la/lo vuole?
C'è anche in ....?
Quella fuori è ....?
La/Lo preferisco nera/o.

Parlare della taglia/ del numero di scarpe

Che numero porta (di scarpe)?
Porto/Ho il 37.
Che taglia ....?
La 48.
È un po' stretta/larga.
È grande/piccola.
Posso provare .... più grande?

Parlare del prezzo e delle modalità di pagamento

Quant'è? / Quanto ....?
Costa ....
C'è uno sconto?
Sì, c'è uno sconto ....
Paga in ....?
Posso pagare con .... / la carta di credito?

Esprimere un parere

È molto elegante.
È alla moda.
È bellissimo.

5 Osservate le tabelle del punto precedente e andate a fare spese!

Sei A: Hai visto un vestito che ti piace in vetrina ed entri nel negozio per provarlo o perché vuoi fare un regalo. Chiedi informazioni e, alla fine, compri il vestito.

Sei B: Sei la commessa/il commesso del negozio e dai informazioni su taglia, prezzi e sconti.

IT	EU	UK	US
38	34	6	2
40	36	8	4
42	38	10	6
44	40	12	8
46	42	14	10
48	44	16	12
50	46	18	14
52	48	20	16
54	50	22	18
56	52	24	20
58	54	26	22

Guida alle taglie

es. 11 p. 99

C Come ti vesti?

1 Osservate le immagini e trovate l'errore in ogni foto.

I bambini indossano:

cappello | guanti | camicia | jeans
giubbotto | sciarpa

La signora indossa:

borsa | calze
scarpe con il tacco alto
gonna | cappotto

L'uomo indossa:

maglione | pantaloni
cintura | occhiali | scarpe
cappotto

2 a Abbinate i sinonimi.

maglietta   misura
taglia   t-shirt
tessuto   pullover
maglione   stoffa

b Abbinate i contrari.

stretto   sportivo
corto   economico
classico   largo
caro/costoso lungo

3 Completate con i colori che mancano.

1. ....
2. grigio
3. verde
4. rosso
5. bianco
6. rosa
7. ....
8. giallo
9. marrone
10. ....

4 Dividetevi in due squadre: squadra *A* e squadra *B*. A turno, scegliete un compagno della squadra avversaria e prendete appunti per poi descrivere, senza guardarlo, il suo abbigliamento. La vostra squadra ha 30 secondi per capire chi è. Se indovina al primo tentativo, prendete un punto. Se non indovina, il turno passa all'altra squadra.

Vince la squadra che alla fine ha più punti.

es. 12
p. 100

5 Osservate la posizione dei pronomi nelle frasi. Poi completate la tabella.

I verbi riflessivi con i modali

Mi devo fermare un attimo. / Devo fermar............ un attimo.

A che ora .... vuoi svegliare? / A che ora vuoi svegliarti?

.... possiamo sentire più tardi? / Possiamo sentirci più tardi?

es. 13-14 p. 100

D Che ne pensi?

46

1 Ascoltate e abbinate i mini dialoghi alle immagini.

2 Leggete i dialoghi per verificare le vostre risposte.

a. • Ecco, guarda il cappotto che mi piace. Che ne pensi?
   • Bello! Ma quanto costa?
   • 500 euro.
   • Secondo me, è un po' caro!

b. • Andiamo a fare spese domani? Che ne dici?
   • Sì, d'accordo.

c. • Cosa ne pensi di questo maglione?
   • Mi sembra un po' pesante.
   • Dici? A me invece sembra leggero.

d. • Bello questo vestito? Che te ne pare?
   • Lo trovo molto elegante, anche se non è il mio stile...

3 Trovate nei dialoghi le espressioni usate per completare la tabella.

Chiedere un parere	Esprimere un parere
.... *Che ne dici?* *Cosa ne pensi di...?*	*Secondo me...* .... *Lo/La trovo molto/un po'...*

4 *A* sceglie uno degli argomenti dati a destra e chiede il parere di *B* che risponde.

Poi *B* sceglie un argomento, chiede il parere di *A* e così via.

es. 15
p. 101

- *qualcosa che indossi*
- *un personaggio famoso*
- *un regalo che vuoi fare*
- *gli italiani e le italiane*
- *una tua idea*
- *una città*

E   Si può pagare in contanti?

1 Leggete il "decalogo dei saldi" e indicate le affermazioni veramente presenti.

❶ È importante non fidarsi di sconti maggiori del 50% del costo iniziale. Nessuno regala niente.

❷ Prezzi tipo 49,99 euro vogliono dire 50 euro e non 49.

❸ Spesso ci si ferma ai primi negozi che hanno prezzi interessanti. È meglio, invece, girare più negozi e confrontare i prezzi.

❹ Di solito si paga di più per i tessuti naturali e meno per quelli sintetici.

❺ I capi d'abbigliamento devono avere l'etichetta con le modalità di lavaggio.

❻ È meglio non fidarsi dei negozi con il cartello "non è possibile cambiare la merce venduta".

❼ Bisogna sempre controllare la provenienza dei capi di cotone.

❽ È utile fare un giro per i negozi prima dei saldi per segnare il prezzo di cosa si vuole comprare e poi fare un confronto.

❾ Se uno vede capi disponibili in tutte le taglie e colori, attenzione: forse è merce messa sul mercato per l'occasione.

❿ Anche in periodo di saldi, le forme di pagamento sono sempre le stesse. Si può pagare in contanti, con il bancomat o con la carta di credito.

adattato da *www.lanotiziaweb.it*

☐ 1. Tutti gli sconti sono del 50%.
☐ 2. I tessuti naturali costano di più.
☐ 3. Tutti i capi d'abbigliamento devono avere indicazioni sul lavaggio.
☐ 4. Meglio non fidarsi quando non è possibile cambiare i capi di abbigliamento.
☐ 5. I capi di cotone sono di provenienza italiana.
☐ 6. Anche in periodo di saldi, si spende molto.

2 Leggete le frasi e trovate il soggetto dei verbi.

1. Si paga di più per i tessuti naturali.
2. Bisogna sempre controllare la provenienza.
3. Spesso ci si ferma ai primi negozi.

3 Osservate le tabelle.

La forma impersonale

Uno paga di più per i tessuti naturali.	→	Si **paga** di più per i tessuti naturali.

Attenzione ai verbi riflessivi!

Uno si ferma ai primi negozi.	→	**Ci si** ferma ai primi negozi.
		NON ~~Si si~~ ferma ai primi negozi.

Osservate:

Quando uno è giovane, è più ottimista.	→	Quando **si è** giovani, **si è** più **ottimisti**.

Le espressioni impersonali

Molto spesso usiamo alcune espressioni impersonali:
non specifichiamo chi parla, lo capiamo dal contesto.

È possibile pagare con la carta di credito. (*Si può pagare...*)
Bisogna controllare la provenienza dei capi. (*Si deve...*)
È necessario indicare la modalità di lavaggio di un capo. (*Si deve...*)
È meglio non fidarsi.
È utile/inutile fare un giro per i negozi prima dei saldi.
È importante non fidarsi di sconti maggiori del 50%.
È facile/difficile trovare vestiti a buon prezzo.
È bello fare regali agli amici.

4 Trasformate le frasi alla forma impersonale, come negli esempi.

Uno si diverte anche senza spendere molto. → *Ci si diverte anche senza spendere molto.*
Bisogna provare il vestito prima di comprarlo. → *Si deve provare il vestito prima di comprarlo.*

1. Nelle grandi città italiane uno spende molto per l'affitto.
2. È importante parlare bene l'inglese per viaggiare all'estero.
3. Di solito, uno si rilassa quando va in vacanza.
4. In molte città italiane uno non entra in macchina nel centro storico.
5. È possibile fare colazione in albergo.
6. Bisogna sempre guidare con attenzione.

es. 16-19
p. 101

F   Lessico e abilità

1 Qualcuno ha rubato il portafoglio della signora Andretti. La donna descrive i ladri alla polizia. Riuscite a trovarli nel disegno?

> Erano in due, un uomo e una donna. L'uomo portava un cappotto lungo un po' vecchio, una maglietta a righe, jeans e scarpe da ginnastica. La donna indossava, invece, una maglia di cotone nera a maniche lunghe, una gonna verde a pallini, occhiali da sole e una borsa di pelle.

2 a Rileggete la descrizione e completate con i tipi di tessuto/materiale.

lana .... seta

b ...e i nomi delle decorazioni delle stoffe.

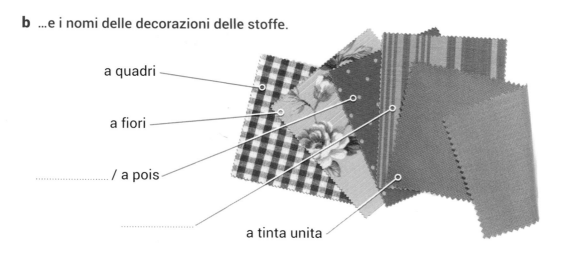

a quadri

a fiori

.... / a pois

....

a tinta unita

es. 20
p. 103

3 Giocate in coppia. Scegliete una delle persone in primo piano a pag. 142. A turno fate una domanda come nell'esempio. Vince chi scopre per primo la persona scelta dal compagno. Se avete tempo, scegliete un'altra persona del disegno e continuate il gioco.

Il tuo personaggio porta...? /
Ha i capelli... / È...?

Sì/No. Il tuo
personaggio ha...?

Sì/No.

...

4 **Ascolto** Quaderno degli esercizi (p. 103)

5 **Parliamo**

1. Come ti vesti di solito? Qual è il tuo stile? Come ti vesti per le occasioni speciali (appuntamento, festa, colloquio di lavoro)?

2. In genere, dove compri i tuoi vestiti (in un centro commerciale, nei negozi della tua città, all'estero, online)?

3. Quanto spendi per i vestiti? Quanto è importante l'abbigliamento per te? Perché?

4. Nel vostro Paese cosa si pensa della moda italiana?

5. Qual è il periodo di saldi nel vostro Paese? Comprate durante i saldi?

6 **Scriviamo**

Vuoi andare a Roma per qualche giorno. Scrivi un'email a una tua amica che studia là. La informi del tuo viaggio, delle cose che vuoi comprare e chiedi quali sono i negozi più belli di Roma e dove conviene fare spese.

es. 21-23
p. 103

p. 187

Test finale

La moda italiana

Da molti anni ormai l'Italia è sinonimo di moda: Armani, Versace, Valentino, Dolce & Gabbana, Prada, Gucci, Missoni e Moschino sono soltanto alcuni degli stilisti più famosi. Il "made in Italy", espressione del gusto e della raffinatezza degli italiani, è uno dei settori più sviluppati dell'economia, con esportazioni* in tutto il mondo.

Gli italiani sono un popolo molto attento alla moda: alcuni spendono parecchio per i capi firmati dei grandi stilisti. I più* scelgono altri stilisti, meno conosciuti all'estero, che offrono alta qualità a prezzi più bassi.

Moda italiana, però, non significa solo abbigliamento, ma anche accessori: molto noti sono gli occhiali della Luxottica, il più grande produttore al mondo, i prodotti di pelle (scarpe, borse, giubbotti ecc.) e i gioielli che tutto il mondo apprezza perché belli e originali.

gioielli

Benetton: un'azienda di successo

La storia di Benetton ha inizio a Ponzano Veneto nel 1965, quando a soli quattordici anni Luciano Benetton inizia a lavorare come commesso in un negozio di maglieria. Benetton ha un'idea: ridare vita a un prodotto classico, il maglione di lana. Alla fine degli anni Sessanta, infatti, il maglione è ancora un capo d'abbigliamento per adulti, costoso e con poca varietà di colori disponibili. Benetton, che propone un abbigliamento casual e sportivo, presenta i suoi modelli in 36 colori. Il prodotto ha subito un grande successo, soprattutto tra i giovani.

Nel 1972 Benetton comincia a produrre anche jeans, maglie di cotone e abbigliamento per bambini.

La popolarità di Benetton è legata anche alle sue campagne pubblicitarie, spesso provocatorie*, basate su temi sociali come il razzismo o la diversità.

I Fratelli Prada: la boutique della Galleria Vittorio Emanuele

La storia di Prada inizia nel 1913, quando i fratelli Mario e Martino aprono a Milano, nella galleria del Duomo, una boutique molto elegante: "Fratelli Prada". In vetrina ci sono valigie, borse da viaggio e da sera, tutte realizzate a mano, oltre ad orologi e oggetti di design.

I nobili* apprezzano molto i loro articoli. Tra i primi clienti, nel 1919, abbiamo la casa reale dei Savoia e in pochi anni le grandi famiglie milanesi, ma anche europee. Prada diventa così un punto di riferimento della moda nazionale e internazionale per gli accessori di pelle.

Ma è Miuccia, la nipote di Mario, a trasformare l'azienda in un colosso* mondiale del lusso. Nel 1985, infatti, disegna il classico ed elegante zaino in nylon nero e, quindici anni dopo, lancia sul mercato una linea di occhiali, la Prada Eyewear, che ha ben presto un grandissimo successo.

Attività online

1 Leggete i testi e rispondete alle domande.

1. Perché il made in Italy ha successo nel mondo?
2. La maggior parte degli italiani compra i vestiti di quali stilisti?
3. Oltre ai capi d'abbigliamento, quali altri prodotti esporta l'Italia all'estero?
4. Qual è stata l'idea di successo di Luciano Benetton?
5. Perché le campagne pubblicitarie della Benetton sono sempre così speciali?
6. All'inizio della loro attività, chi erano i maggiori clienti dei Fratelli Prada?
7. Chi ha trasformato l'azienda Prada in un colosso mondiale del lusso? Grazie anche a quali accessori?

2 Fate una breve ricerca su un marchio italiano famoso nel vostro Paese. Poi presentate quello che avete trovato ai vostri compagni. Se volete, potete anche mostrare immagini o preparare un poster. Date brevi informazioni su:

- la storia della casa di moda
- i capi d'abbigliamento o tipi di accessori che produce
- lo stile
- popolarità all'estero, pubblicità...

> **Glossario.** *esportazione*: vendere i prodotti all'estero; *i più*: la maggior parte delle persone; *provocatorio*: che ha lo scopo di causare una reazione; **nobile**: persona che aveva la ricchezza (principi, conti, duchi); **colosso**: azienda molto grande.

Che cosa hai imparato nelle unità 8 e 9?

1 Sai...? Abbina le due colonne.

1. esprimere un parere
2. informarti sul colore
3. informarti sul prezzo
4. esprimere rammarico
5. chiedere un parere

☐ a. *Bene, e quanto costa?*
☐ b. *Che peccato!*
☐ c. *Mi sembra una buona idea.*
☐ d. *C'è anche in rosso?*
☐ e. *Allora, che ne pensi?*

2 Abbina le frasi. Attenzione: c'è una risposta in più!

1. Che taglia porta?
2. C'è lo sconto, vero?
3. Come ti sta?
4. Ha del prosciutto buono?
5. Posso aiutarla?

☐ a. *Ottimo, quanto ne vuole?*
☐ b. *Bene, grazie e tu?*
☐ c. *Vorrei un paio di scarpe.*
☐ d. *La 46.*
☐ e. *È un po' stretto.*
☐ f. *Sì, del 15%.*

3 Completa.

1. Tre stilisti italiani: ....
2. Quattro colori: ....
3. Due tipi di tessuto: ....
4. Tre aggettivi per descrivere un abito: ....
5. Il plurale di *mi sono dovuto svegliare*: ....

4 Scopri le dieci parole nascoste, in orizzontale e in verticale.

D	U	V	E	T	A	C	C	O	N	B	E	X
A	G	I	O	F	O	G	I	A	C	C	A	E
V	E	R	D	E	M	A	T	U	N	I	C	Z
E	L	U	S	O	M	R	I	A	Z	H	A	E
L	E	C	P	R	O	V	A	R	E	S	P	T
C	G	I	B	Y	G	C	E	J	O	C	H	T
R	A	C	C	E	S	S	O	R	I	O	O	O
U	N	U	P	E	A	F	I	K	E	N	I	L
D	T	O	S	P	R	E	Z	Z	O	T	S	O
O	E	X	E	Z	E	T	T	O	L	O	O	O

Il Duomo, Milano

Controlla le soluzioni a pagina 190. Sei soddisfatto/a?

Che c'è stasera in TV? Unità 10

Per cominciare...

1 Quali di questi programmi televisivi guardate più spesso? Perché?

film

documentario

soap opera

quiz

sport

talent show

serie tv

2 Ascoltate il dialogo: di che cosa parlano Lorenzo e Daniela?

3 Ascoltate di nuovo il dialogo e indicate se le affermazioni sono vere o false.

	V	F
1. Daniela sta guardando un quiz.		
2. Lorenzo ha già visto il film *Smetto quando voglio*.		
3. Secondo Daniela, *Che talento!* è un programma interessante.		
4. Lorenzo vuole vedere un documentario sugli animali.		
5. Alla fine mettono su RaiUno.		

A C'è un film su...

1 Leggete il dialogo e verificate le vostre risposte all'attività precedente.

Lorenzo: Che stai guardando, sorellina?

Daniela: Niente, sto facendo un po' di zapping. Però fra mezz'ora c'è un film su RaiDue che vorrei vedere, se non ti dispiace.

Lorenzo: Ma che film è?

Daniela: Si chiama *Smetto quando voglio*, è una commedia.

Lorenzo: Noo, l'ho visto!

Daniela: Davvero?

Lorenzo: Sì! Lui fa un'attività illegale senza dire niente a sua moglie. Poi comincia a fare molti soldi e le racconta che ha un nuovo lavoro...

Daniela: Grazie mille dello spoiler, Lorenzo! Allora, vediamo *Che talento!* su Canale 5?

Lorenzo: No, per favore! Ma veramente ti piacciono queste trasmissioni? Sono noiose.

Daniela: Secondo me, invece, questo è un programma interessante dove scoprono nuovi talenti e gli danno l'opportunità di diventare famosi.

Lorenzo: Mah, a me piace solo *La Voce*... E poi che altro c'è?

Daniela: Allora... il solito documentario sugli animali... e su RaiUno la partita Inter-Juventus.

Lorenzo: Oh, Inter-Juve, è vero! Dai, metti RaiUno che sarà già cominciata.

Daniela: Ma non gioca la tua squadra!

Lorenzo: Non importa, Daniela... sarà una bella partita! Dai, ti prego! Poi domani scegli tu, ok?

Daniela: Ma io domani torno a Bologna!

Lorenzo: Appunto!

2 In coppia leggete il dialogo: uno di voi è Daniela, l'altro è Lorenzo.

3 Rispondete alle domande.

1. Che genere di film è *Smetto quando voglio*?
2. Che cosa pensa Lorenzo del programma *Che talento!*?
3. Perché invece per Daniela è interessante?
4. Cosa vuole vedere Lorenzo e perché?

4 Il giorno dopo Daniela parla con la sua amica Carla. Completate il dialogo con i pronomi dati.

mi × *gli* × *mi* × *gli* × *le* × *ti*

Carla: Hai visto *Smetto quando voglio* ieri sera? Veramente divertente!

Daniela: Uffa, no! Lorenzo lo aveva già visto! .... (1) ho proposto di vedere *Che talento!*, ma niente. Non .... (2) piace perché, secondo lui, è un programma noioso.

Carla: Esagerato! Anche io ogni tanto lo guardo. .... (3) piace moltissimo. E .... (4) dirò di più, Alessia vuole fare anche il provino!

Daniela: .... (5) sembra un'idea fantastica! .... (6) potrà aprire delle porte... Comunque, alla fine abbiamo visto la partita. Che noia...

Carla: Povera te!

5 Scrivete un breve riassunto del dialogo tra Lorenzo e Daniela.

....
....
....
....
....
....
....

6 Completate la tabella con i pronomi indiretti che avete visto nell'attività A4.

I pronomi indiretti

A me *Che talento!* piace molto.	*Che talento!* .... piace molto.
A te interessa il calcio italiano?	.... interessa il calcio italiano?
Quando telefonerai a **Lorenzo** (a lui)?	Quando .... telefonerai?
Darà a **Maria** (a lei) un'opportunità.	.... darà un'opportunità.
Signore/a, a Lei piace guardare la tv?	Signore/a, Le piace guardare la tv?
Questa storia a noi sembra strana.	Questa storia ci sembra strana.
Alessia manderà a voi una fotografia.	Alessia vi manderà una fotografia.
Ai miei genitori (a loro) non chiedo di cambiare canale.	Non .... chiedo di cambiare canale.
Telefono spesso a **Daniela e Carla** (a loro).	Gli telefono spesso.

Nota: Offro il caffè agli ospiti! = Gli offro il caffè. / Offro loro il caffè.

7 Osservate la tabella e trasformate le frasi come nell'esempio.

Ho fatto una sorpresa a Chiara.
➔ *Le ho fatto una sorpresa.*

1. A te piacciono i film italiani?
2. Lorenzo telefonerà a Gianna alle dieci.
3. Cosa regali ai tuoi amici?
4. A Letizia e a me interessano i documentari.
5. Chiederò a Luigi di aiutarmi.
6. Signora Berti, a Lei posso chiedere un favore?

es. 1-4
p. 107

8 Leggete le frasi e osservate i participi passati.
Poi completate la regola.

Pronomi indiretti	Pronomi diretti
Ti ho spiegato già tutto.	Ti ho ascoltato/a.
Le abbiamo regalato un vaso cinese.	L'ho conosciuto/a tempo fa.
Ci hanno prestato la loro moto.	Ci ha chiamati/e Andrea.

Nei tempi composti il participio passato ☐ si accorda ☐ non si accorda con il pronome indiretto.

9 Trasformate le frasi e mettete i pronomi indiretti al posto delle parole in blu.

1. Ho fatto vedere a Lorenzo le foto delle vacanze.
2. Abbiamo raccontato a Gianna e Paolo le nostre avventure.
3. Ho inviato il mio curriculum vitae al dottor Marini.
4. Ho consigliato a mia sorella di non uscire con quel ragazzo.
5. Il programma darà alle ragazze l'opportunità di diventare famose.

> **Attenzione:**
>
> Ci è piaciuta la puntata di *Che talento*!
>
> Non ci sono piaciuti i programmi di ieri.

es. 5-9 p. 108

Mi puoi dare una mano?

1 Ascoltate e completate le battute, come nell'esempio in blu. Poi abbinatele ai disegni. Possiamo usare i pronomi indiretti anche per...

...chiedere qualcosa in prestito

a. Ci .... la tua macchina?

b. Mi .... in prestito questa rivista?

...esprimere un parere

c. Quel che dice non mi .... logico.

d. Mi .... giusto.

...esprimere dispiacere

e. Mi ...., ma non ti posso aiutare.

4 ☐

...chiedere un favore

. Senti, puoi ...*farmi*... un favore?

g. Mi puoi .... una mano, per favore?

2 ☐

3 ☐

1 ☐

2 Lavorate in coppia. Completate le frasi con le espressioni dell'attività B1.

1. Giovanna, ..., vai tu al supermercato?
2. .... questo libro? Non l'ho letto!
3. ...., ma non possiamo vederci nemmeno domani.
4. .... il comportamento di Luca: si lamenta continuamente!
5. Cerco di spostare questo armadio, ma non ci riesco; ....?

3 Lavorate in coppia. Scegliete tre situazioni, preparatevi per 1-2 minuti e fate dei mini dialoghi.

- *A* chiede qualcosa in prestito a *B*, che risponde
- *B* dice qualcosa e *A* esprime un parere
- *B* informa *A* di un suo problema e *A* esprime dispiacere
- *A* chiede un favore a *B*, che risponde

es. 10
p. 11

C Cos'hai visto ieri?

1 Ascoltate la telefonata e indicate cosa ha visto ieri Giulio Cesare in TV.

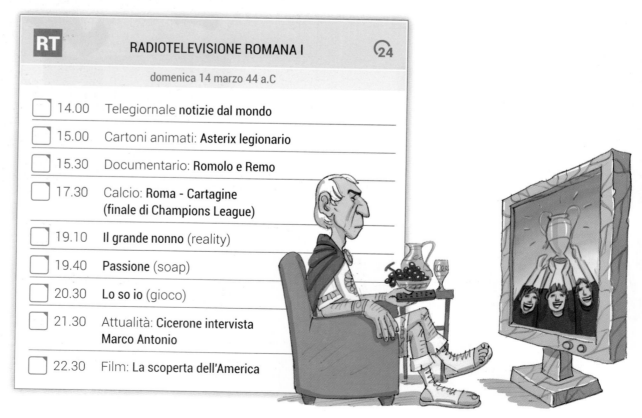

RT   RADIOTELEVISIONE ROMANA I   24

domenica 14 marzo 44 a.C

☐	14.00	Telegiornale **notizie dal mondo**
☐	15.00	Cartoni animati: **Asterix legionario**
☐	15.30	Documentario: **Romolo e Remo**
☐	17.30	Calcio: **Roma - Cartagine** (finale di Champions League)
☐	19.10	**Il grande nonno** (reality)
☐	19.40	**Passione** (soap)
☐	20.30	**Lo so io** (gioco)
☐	21.30	Attualità: **Cicerone intervista Marco Antonio**
☐	22.30	Film: **La scoperta dell'America**

2 Ascoltate di nuovo e indicate le affermazioni presenti.

☐ 1. Cesare e Cleopatra si trovano a Roma.
☐ 2. Cesare e Cleopatra non sono d'accordo su Asterix.
☐ 3. La Roma ha vinto la Champions League.
☐ 4. Cesare è un fan dei reality.
☐ 5. A tutti e due piacciono i quiz televisivi.
☐ 6. Cleopatra non sa che cos'è l'America.

3 A coppie. Lo studente A sceglie una delle seguenti trasmissioni. Lo studente B fa delle domande per scoprire quale ha scelto, ma lo studente A potrà rispondere solo *sì* o *no*. Poi i ruoli si invertono. Vince chi indovina la trasmissione scelta dal compagno con meno domande.

Digitale Terrestre Gratuito — I tuoi programmi TV di Martedì 12 marzo

Oggi in TV

Oggi in TV | Stasera in TV | Film su Sky | Bambini | Film stasera

Accedi anche a
Ora in Onda — Lista Canali
Serata — Film in TV

Rai 1 — 21:25 Documentario 140' — Meraviglie: la penisola dei tesori

Rai 2 — 21:20 Talent show 135' — The Voice

Rai 3 — 21:25 Attualità 160' — #cartabianca

Canale 5 — 21:30 Film 121' — Che bella giornata — ○○○○○ Commedia

Rete 4 — 21:25 Soap opera 65' — Il segreto

Italia 1 — 21:25 Intrattenimento 220' — Le iene show

sky UNO — 21:30 Talent show 150' — MasterChef Italia

La 7 — 21:15 Attualità 215' — DiMartedì

Tv8 — 21:30 Film 150' — The karate kid – la leggenda continua — ○○○○○ Azione

4 Lavorate in coppia. Completate le frasi con le parole date.

1. Per cambiare canale abbiamo bisogno del ....
2. Hai visto la prima .... della nuova fiction della Rai?
3. Ma su quale .... danno la Formula 1?
4. La .... interrompe spesso i programmi.
5. Mio padre ha comprato un .... da 50 pollici.

a. *televisore*
b. *canale*
c. *telecomando*
d. *pubblicità*
e. *puntata*

5 Osservate il grafico con le trasmissioni più seguite del 2 maggio: commentate le preferenze televisive degli italiani e confrontatele con quelle del vostro Paese.

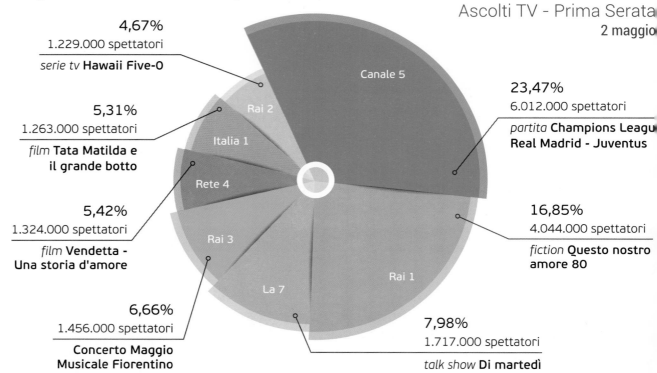

Ascolti TV - Prima Serata
2 maggio

4,67%
1.229.000 spettatori
serie tv **Hawaii Five-O**

5,31%
1.263.000 spettatori
film **Tata Matilda e il grande botto**

5,42%
1.324.000 spettatori
film **Vendetta - Una storia d'amore**

6,66%
1.456.000 spettatori
Concerto Maggio Musicale Fiorentino

Canale 5 — Rai 2 — Italia 1 — Rete 4 — Rai 3 — La 7 — Rai 1

23,47%
6.012.000 spettatori
partita **Champions League Real Madrid - Juventus**

16,85%
4.044.000 spettatori
fiction **Questo nostro amore 80**

7,98%
1.717.000 spettatori
talk show **Di martedì**

 6 Fate un dialogo simile a quello di pagina 152 con le trasmissioni riportate sopra o altre che piacciono a voi. Dite su quale canale va in onda e spiegate che tipo di programma televisivo è.

 es. 11
p. 11

D Partecipa e vinci!

 1 Lavorate in coppia. Abbinate i messaggi pubblicitari ai prodotti come nell'esempio in blu.

1. *Vinci un anno tutto da leggere*
2. *Viaggia con le Frecce e vinci una Fiat 500*
3. *Scopri la novità nei suoi tre gusti*
4. *Ascolta la tua sete*
5. *Ferma il bullismo*

d ☐
Festeggiamo insieme
100 milioni di viaggi

Insegui la fortuna ad Alta Velocità
su www.100milionidifrecce.it

DALL'1 AL 21 DICEMBRE DONA AL
45596
1 EURO
CON SMS DA
CELLULARE PERSONALE
2/5 EURO
CON CHIAMATA
DA RETE FISSA
e 5
Condividi la campagna #fermailbullismo

9 Trasformate le frasi e mettete i pronomi indiretti al posto delle parole in blu.

1. Ho fatto vedere a Lorenzo le foto delle vacanze.
2. Abbiamo raccontato a Gianna e Paolo le nostre avventure.
3. Ho inviato il mio curriculum vitae al dottor Marini.
4. Ho consigliato a mia sorella di non uscire con quel ragazzo.
5. Il programma darà alle ragazze l'opportunità di diventare famose.

> **Attenzione:**
>
> Ci è piaciuta la puntata di *Che talento*!
>
> Non ci sono piaciuti i programmi di ieri.

es. 5-9
p. 108

3 Mi puoi dare una mano?

1 Ascoltate e completate le battute, come nell'esempio in blu. Poi abbinatele ai disegni. Possiamo usare i pronomi indiretti anche per...

...chiedere qualcosa in prestito

a. Ci .... la tua macchina?

b. Mi .... in prestito questa rivista?

...esprimere un parere

c. Quel che dice non mi .... logico.

d. Mi .... giusto.

...esprimere dispiacere

e. Mi ...., ma non ti posso aiutare.

4

...chiedere un favore

f. Senti, puoi ...*farmi*... un favore?

g. Mi puoi .... una mano, per favore?

3

1

2

2 Lavorate in coppia. Completate le frasi con le espressioni dell'attività B1.

1. Giovanna, ..., vai tu al supermercato?

2. .... questo libro? Non l'ho letto!

3. ...., ma non possiamo vederci nemmeno domani.

4. .... il comportamento di Luca: si lamenta continuamente!

5. Cerco di spostare questo armadio, ma non ci riesco; ....?

3 Lavorate in coppia. Scegliete tre situazioni, preparatevi per 1-2 minuti e fate dei mini dialoghi.

- *A* chiede qualcosa in prestito a *B*, che risponde
- *B* dice qualcosa e *A* esprime un parere
- *B* informa *A* di un suo problema e *A* esprime dispiacere
- *A* chiede un favore a *B*, che risponde

es. 10
p. 11

C   Cos'hai visto ieri?

1 Ascoltate la telefonata e indicate cosa ha visto ieri Giulio Cesare in TV.

RT	RADIOTELEVISIONE ROMANA I	24

domenica 14 marzo 44 a.C

☐	14.00	Telegiornale **notizie dal mondo**
☐	15.00	Cartoni animati: **Asterix legionario**
☐	15.30	Documentario: **Romolo e Remo**
☐	17.30	Calcio: **Roma - Cartagine** (finale di Champions League)
☐	19.10	**Il grande nonno** (reality)
☐	19.40	**Passione** (soap)
☐	20.30	**Lo so io** (gioco)
☐	21.30	Attualità: **Cicerone intervista Marco Antonio**
☐	22.30	Film: **La scoperta dell'America**

2 Ascoltate di nuovo e indicate le affermazioni presenti.

☐ 1. Cesare e Cleopatra si trovano a Roma.
☐ 2. Cesare e Cleopatra non sono d'accordo su Asterix.
☐ 3. La Roma ha vinto la Champions League.
☐ 4. Cesare è un fan dei reality.
☐ 5. A tutti e due piacciono i quiz televisivi.
☐ 6. Cleopatra non sa che cos'è l'America.

3 A coppie. Lo studente A sceglie una delle seguenti trasmissioni. Lo studente B fa delle domande per scoprire quale ha scelto, ma lo studente A potrà rispondere solo *sì* o *no*. Poi i ruoli si invertono. Vince chi indovina la trasmissione scelta dal compagno con meno domande.

4 Lavorate in coppia. Completate le frasi con le parole date.

1. Per cambiare canale abbiamo bisogno del ....
2. Hai visto la prima .... della nuova fiction della Rai?
3. Ma su quale .... danno la Formula 1?
4. La .... interrompe spesso i programmi.
5. Mio padre ha comprato un .... da 50 pollici.

a. *televisore*
b. *canale*
c. *telecomando*
d. *pubblicità*
e. *puntata*

5 Osservate il grafico con le trasmissioni più seguite del 2 maggio: commentate le preferenze televisive degli italiani e confrontatele con quelle del vostro Paese.

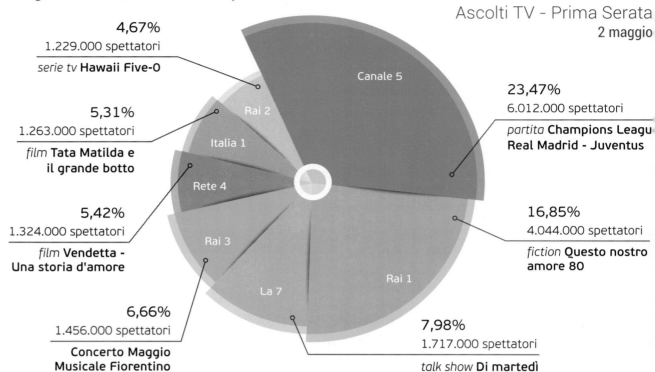

Ascolti TV - Prima Serata
2 maggio

4,67%
1.229.000 spettatori
serie tv **Hawaii Five-0**

5,31%
1.263.000 spettatori
film **Tata Matilda e il grande botto**

5,42%
1.324.000 spettatori
film **Vendetta - Una storia d'amore**

6,66%
1.456.000 spettatori
Concerto Maggio Musicale Fiorentino

Canale 5

Rai 2

Italia 1

Rete 4

Rai 3

La 7

Rai 1

23,47%
6.012.000 spettatori
partita **Champions Leagu Real Madrid - Juventus**

16,85%
4.044.000 spettatori
fiction **Questo nostro amore 80**

7,98%
1.717.000 spettatori
talk show **Di martedì**

 6 Fate un dialogo simile a quello di pagina 152 con le trasmissioni riportate sopra o altre che piacciono a voi. Dite su quale canale va in onda e spiegate che tipo di programma televisivo è.

es. 11
p. 11

D   Partecipa e vinci!

 1 Lavorate in coppia. Abbinate i messaggi pubblicitari ai prodotti come nell'esempio in blu.

1. *Vinci un anno tutto da leggere*
2. *Viaggia con le Frecce e vinci una Fiat 500*
3. *Scopri la novità nei suoi tre gusti*
4. *Ascolta la tua sete*
5. *Ferma il bullismo*

c

d

Festeggiamo insieme
100 milioni
di viaggi

Insegui la fortuna ad Alta Velocità
su www.100milionidifrecce.it

b

SPECIALE
MAGGIO
LIBRI

Dal 23 aprile al 5 maggio fai un acquisto di almeno € 20,00 in libri in un unico scontrino e partecipi automaticamente all'estrazione. Potrai essere uno dei **100 vincitori di un anno di libri**. Scopri i dettagli nel Regolamento.

DALL'1 AL 21 DICEMBRE DONA AL
45596

TELEFONO AZZURRO

1 EURO
CON SMS DA
CELLULARE PERSONALE

2/5 EURO
CON CHIAMATA
DA RETE FISSA

e 5   Condividi la campagna #fermailbullismo

a

2 a Completate la tabella con i verbi dell'attività precedente.

L'imperativo diretto

	ascoltare	vincere	scoprire - finire	
tu	...............!	...............!	...............!	finisci!
noi	ascoltiamo!	vinciamo!	scopriamo!	finiamo!
voi	ascoltate!	vincete!	scoprite!	finite!

L'imperativo dei verbi essere e avere sono nell'Approfondimento grammaticale a pagina 215.

b Quali altri verbi all'imperativo riuscite a trovare nelle pubblicità?

3 Completate le frasi con i verbi dati.

uscite × *spegni* × *partecipa* × *lavora* × *venite* × *fate*

1. .... di più! Solo così realizzerai i tuoi sogni.
2. Ragazzi, avete già studiato abbastanza: ....!
3. .... come volete!
4. .... al concorso! Non hai niente da perdere.
5. Mario, ... la luce! Ieri l'hai dimenticata accesa!
6. Andremo al cinema stasera: .... con noi!

4 Osservate le battute e completate la tabella.

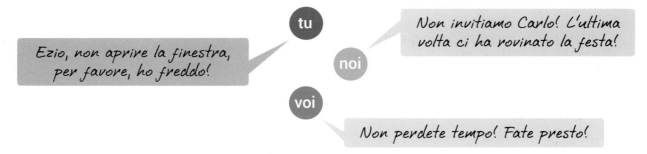

L'imperativo negativo

	invitare	perdere	aprire / finire
tu	non invitare!	non perdere!	non ....! / finire!
noi	non ....!	non perdiamo!	non apriamo! / finiamo!
voi	non invitate!	non ....!	non aprite! / finite!

5 Usi dell'imperativo. Abbinate le frasi alla funzione corretta.

1. Mangia di meno, se vuoi dimagrire.
2. Luca, spegni subito la televisione. È tardi!
3. Cuocete in forno per 30 minuti.
4. Non fate rumore!

a. *dare istruzioni*
b. *dare consigli*
c. *proibire*
d. *dare ordini*

 6 Lavorate in coppia. Usate l'imperativo per dare consigli/ordini/istruzioni e proibire qualcosa a:

a. un gruppo di turisti che vuole visitare un museo.
b. una famiglia che vuole fare un picnic in un parco.
c. un amico che deve andare a una cena di lavoro.

es. 12-1◄
p. 110

E Prendilo pure!

 1 Ascoltate e leggete i mini dialoghi e poi rispondete alle domande.

a. • Gianni, ti serve *Panorama*?
   • No, prendilo pure, Alice! Cerchi qualcosa in particolare?
   • Sì, ci dev'essere un articolo sulle vacanze-studio che mi interessa. Ah, eccolo: posso tenerlo?
   • Certo, prendilo, ma non dimenticarlo a casa perché non l'ho ancora letto. Però guarda, se ti interessa solo questa pagina, strappala pure!

b. • Pronto, Laura? Sono Parini, dalla redazione. Per favore, girami quell'email con la statistica sulle vendite dei quotidiani.
   • Non ce l'ho ancora. Ho chiamato il signor Baldi e mi ha detto che è molto impegnato.
   • Allora, telefonagli di nuovo e digli che mi serve al più presto.

c. • Dai, Lucio, svegliati! Sono già le otto!
   • Ti prego, mamma! Lasciami dormire ancora un po'!
   • Dai, alzati che devi andare a lezione!
   • Macché lezione?! Oggi è domenica!

> 1. Perché Alice vuole il giornale di Gianni? Lui cosa le risponde?
> 2. Cosa chiede a Laura il signor Parini?
> 3. Perché Lucio non deve andare a lezione?

2 a Rileggete i mini dialoghi, inserite i pronomi nella tabella e completate la regola.

L'imperativo con i pronomi

> Ti serve il giornale? Prendi........ pure!
> Vuoi questa pagina? Strappa........!
> Non mi puoi svegliare così! Lascia........ dormire ancora un po'!
> Non ti sei ancora alzato? Alza........ che devi andare a lezione!

Con *tu*, *noi* e *voi*, i pronomi *precedono/seguono* l'imperativo e formano un'unica parola.

b Osservate la tabella e scegliete l'alternativa corretta per completare la regola.

L'imperativo negativo con i pronomi

Non prenderlo!	*oppure*	Non lo prendere!
Non andarci!		Non ci andare!

Nell'imperativo negativo, i pronomi possono andare
prima o dopo/sempre prima/sempre dopo il verbo.

3 Rispondete, come nell'esempio.

1. Volete parlare a Debora?
2. Vuoi mangiare il mio gelato?
3. Dobbiamo andare alla festa?
4. Volete comprare questi libri?
5. Dovete alzarvi presto?
6. Devi scrivere ai tuoi amici?

> Vuoi prendere questa rivista?

> a. Prendila!   b. Non prenderla!

es. 15-18
p. 111

Gira a destra!

1 Ascoltate i mini dialoghi e indicate le espressioni che sentite.

☐ al primo incrocio   ☐ gira a sinistra   ☐ è la quarta strada
☐ poi gira subito   ☐ va' sempre dritto   ☐ gira a destra

2 Ascoltate di nuovo e indicate
a quale mini dialogo
corrisponde ogni cartina.

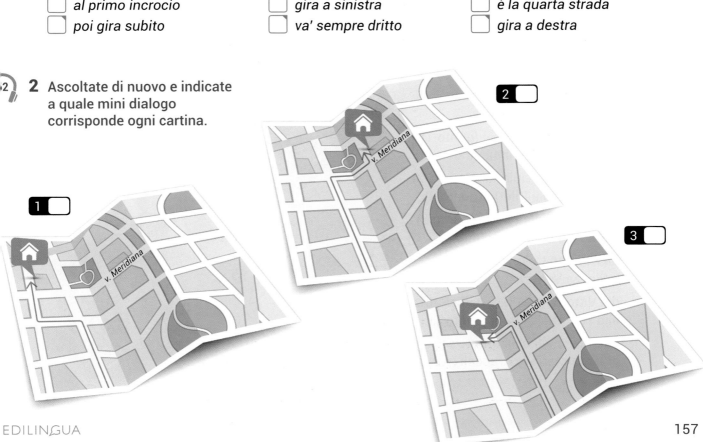

3 Nei mini dialoghi abbiamo ascoltato la forma *va'*. Secondo voi, di quale verbo si tratta?
Completate la tabella con: *va'*, *da'* e *fa'*.

L'imperativo irregolare

andare	dare	dire	fare	stare
....	....	di'	....	sta'
andiamo	diamo	diciamo	facciamo	stiamo
andate	date	dite	fate	state
+ ci = vacci	+ le = dalle	+ mi = dimmi	+ lo = fallo	+ ci = stacci

es. 19-2
p. 112

4 Lavorate
in coppia.
Siete a Roma e
uno di voi
chiede all'altro
indicazioni
per andare:

a. **dalla** Fontana di Trevi (punto 1)
   a Piazza del Quirinale (punto 2)

b. **da** Piazza del Quirinale (punto 2)
   a Piazza della Pilotta (punto 3)

c. **da** Piazza della Pilotta (punto 3)
   a Palazzo Colonna (punto 4)

d. **da** Palazzo Colonna (punto 4)
   a Piazza Venezia (punto 5)

e. **dal** Vittoriano (Altare della Patria, punto 6)
   alla Fontana di Trevi (punto 1)

f. **da** Piazza Venezia (punto 5)
   a Santa Maria in Aracoeli (punto 7)

5 Caccia al tesoro al… buio! Giocate in due squadre. Ogni squadra prepara una lista con 5 oggetti che si trovano in classe. Le squadre si scambiano le liste. A turno, un giocatore di ogni squadra si copre gli occhi (con una sciarpa o un foulard, ad esempio) e i compagni di squadra gli danno indicazioni (*Vai avanti!*, *Gira a destra!*, *Fermati!* ecc.) per raggiungere uno degli oggetti della lista. Vince la squadra che trova per prima tutti gli oggetti.

Abilità

1 **Ascolto** Quaderno degli esercizi (p. 114)

2 **Parliamo**

1. Quanto tempo passate davanti alla TV?
2. Parlate in breve dei vostri programmi preferiti: perché vi piacciono, che cosa trattano ecc.
3. Cosa pensate della TV a pagamento (ad esempio, Netflix…)? Siete abbonati a un servizio simile?
4. Per tenervi informati preferite leggere il giornale, seguire il telegiornale o navigare su internet?
5. Leggete riviste? Se sì, di che tipo?

es. 22-24 p. 113

3 **Scriviamo**

Osservate i disegni e scrivete una storia.

 p. 188 Test finale

La stampa italiana

Il digitale ha cambiato molto il mondo dell'informazione, ma il *Corriere della sera*, *la Repubblica* e *Il sole 24 ore* sono sempre i quotidiani* più letti e venduti in Italia.

I QUOTIDIANI

Il *Corriere della Sera* è uno storico quotidiano italiano, nato a Milano nel 1876. Ha inserti molto interessanti, come *IO Donna*: la prima rivista femminile distribuita come supplemento di un quotidiano!

Di un secolo più giovane è *la Repubblica*, fondato a Roma nel 1976 da un gruppo di giornalisti del settimanale *L'Espresso*.

La Gazzetta dello Sport è il primo quotidiano sportivo del Paese e il più "vecchio" d'Europa nel suo genere (1896). Caratteristico è il colore rosa delle pagine, colore che troviamo anche nel Giro d'Italia*, organizzato dalla stessa testata* giornalistica.

Il sole 24 ore invece è un quotidiano economico-finanziario, tra i più importanti anche a livello europeo.

LE RIVISTE

Fin dagli anni '50, *TV Sorrisi e Canzoni* ci informa sui programmi TV della settimana. Ma contiene anche approfondimenti su attualità, musica, cinema e spettacolo.

Nata nel 1955, *L'Espresso* è una rivista molto apprezzata dagli italiani. Esce ogni domenica e tratta di politica, cultura ed economia.

Donna Moderna, pubblicato dalla fine degli anni '80, è un settimanale dedicato alle donne e tra i più letti dal mondo femminile. Tratta di moda, bellezza, amore e salute.

Focus è un mensile più giovane. Pubblicato in molti Paesi, tratta di scienza, sociologia e attualità.

La televisione in Italia

La televisione italiana nasce nel 1954, con la Rai, la rete* statale, finanziata dal canone di abbonamento, che gli italiani pagano ogni anno, e dalla pubblicità. Dall'inizio, e soprattutto negli anni Sessanta, ha avuto un ruolo importante nella diffusione della lingua e della cultura italiana. È stata proprio la televisione che, con i suoi programmi, ha insegnato l'italiano a tanti spettatori e ha reso più unito il Paese.

La Rai propone agli italiani quiz televisivi e varietà della domenica, ma è a partire dagli anni '80, con l'arrivo dei primi canali privati Mediaset, che vediamo programmi del tutto nuovi: talk show, cabaret, satira... fino ai talent show e ai reality di oggi.

Oggi la televisione italiana ha tante emittenti* nazionali e locali, che offrono diversi programmi.

Tra i programmi più apprezzati anche all'estero, in testa alla* classifica troviamo due serie tv: *Il commissario Montalbano* e *L'amica geniale*.

Tratta dai romanzi di Andrea Camilleri, questa fiction racconta le avventure del commissario Montalbano, interpretato da Luca Zingaretti, in una immaginaria cittadina siciliana.

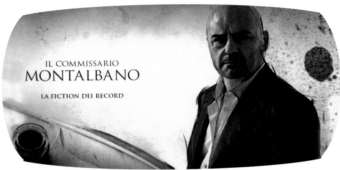

Basata sull'omonimo* romanzo di Elena Ferrante, questa serie ha avuto un grande successo. Interamente in dialetto napoletano, parla dello speciale legame che unisce Elena Greco e Raffaella Cerullo, due bambine che crescono insieme negli anni Cinquanta a Napoli.

Tra le trasmissioni più seguite dagli italiani, c'è sicuramente *Il Festival di Sanremo*.

Organizzato dal 1951, è il più importante festival della musica leggera italiana. Si svolge ogni anno per 5 serate, tra febbraio e marzo.

Mini Quiz

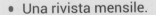

- Una rivista mensile.
- Un quotidiano e una rivista che trattano di economia.
- Il più importante festival di musica che gli italiani seguono in TV.
- Il quotidiano sportivo che organizza il Giro d'Italia.
- Il commissario protagonista di una famosa serie.
- La rivista femminile, supplemento del *Corriere della Sera*.
- Il settimanale con la guida ai programmi TV.
- Una famosa serie in dialetto napoletano.

Glossario. *quotidiano*: giornale che esce ogni giorno; *Giro d'Italia*: corsa in bicicletta che si fa ogni anno; *testata*: giornale, rivista; *rete*: canale televisivo; *emittente*: canale, rete televisiva; *in testa a*: al primo posto; *omonimo*: che ha lo stesso titolo.

Attività online

Che cosa hai imparato nelle unità 9 e 10?

1 Sai...? Abbina le due colonne.

1. chiedere un favore
2. parlare di abbigliamento
3. dare indicazioni
4. informarti sul prezzo
5. esprimere un parere

☐ a. *Al primo incrocio gira a sinistra.*
☐ b. *Quant'è?*
☐ c. *Questa maglietta ti sta molto bene.*
☐ d. *Mi sembra giusto.*
☐ e. *Mi dai una mano?*

2 Abbina le frasi. Attenzione: c'è una risposta in più!

1. Scusa, per il Duomo?
2. Perché non sei d'accordo?
3. Come Le sta il maglione, signora?
4. Allora, mi fai questo favore?
5. Che ne dici? Sei d'accordo?

☐ a. *Che taglia porta?*
☐ b. *Mi dispiace, ma non ti posso aiutare.*
☐ c. *Va' dritto per cento metri e poi gira a destra.*
☐ d. *Perché quello che dici non mi pare giusto.*
☐ e. *Largo, mi dà una taglia più piccola?*
☐ f. *Sì, mi sembra una buona idea.*

3 Completa.

1. Tre canali televisivi italiani: ....
....
2. Tre giornali italiani: ....
....
3. Tre tipi di trasmissioni: ....
....
4. La forma negativa di *mangialo*: ....
....
5. Il plurale di *mi ha detto tutto*: ....
....

Campo dei miracoli, Pisa

4 Scegli la parola giusta.

1. La prima notizia del telecomando/canale/telegiornale/documentario era un incidente stradale.
2. Hai visto l'ultima pubblicità/puntata/trasmissione/partita della tua soap opera preferita?
3. Al massimo leggo una notizia/stampa/testata/rivista alla settimana.
4. Vorrei comprare una calza/cravatta/gonna/lana per mio padre.

Controlla le soluzioni a pagina 190. Sei soddisfatto/a?

A ritmo di musica Unità 11

Per cominciare...

1 Chi è il cantante italiano più famoso nel vostro Paese? Completate la scheda.

Nome cantante

Canzone più famosa

Genere
☐ pop   ☐ rock   ☐ rap   ☐ jazz   ☐ classica   ☐ funky

2 Confrontate le vostre risposte con quelle dei compagni. Chi sono i cantanti più conosciuti?

3 Immaginate di intervistare il vostro cantante preferito. Pensate a tre domande.

....

....

....

4 Ascoltate il dialogo e indicate se le affermazioni sono vere o false.

	V	F
1. Gianna è sparita perché doveva andare a un concerto.	☐	☐
2. Gianna deve fare un'intervista a un produttore musicale.	☐	☐
3. Lorenzo vuole aiutare Gianna nel suo lavoro.	☐	☐
4. Le domande di Lorenzo vanno bene per l'intervista.	☐	☐
5. Gianna chiede a Lorenzo di accompagnarla.	☐	☐

In questa unità impariamo...
- a chiedere qualcosa in modo gentile
- a dare consigli
- a esprimere un desiderio, un'opinione
- a formulare un'ipotesi
- a riportare un'opinione altrui
- a esprimere il futuro nel passato

- il condizionale semplice: verbi regolari e irregolari
- il condizionale composto
- usi del condizionale semplice e composto
- alcune curiosità sulla musica italiana

A   Cosa gli chiederesti?

54 **1** **Leggete e ascoltate il dialogo e verificate le vostre risposte.**

Lorenzo: Ciao, ho finito prima e ho pensato di venirti a trovare. Perché sei sparita?

Gianna: Eh, è una settimana difficile al lavoro, devo fare due interviste.

Lorenzo: Ah, e a chi?

Gianna: La prima a un produttore musicale, avevo appena cominciato a lavorarci.

Lorenzo: Davvero? Non ti preoccupare, ti aiuto io! Lo sai che sono un esperto di musica, no?

Gianna: Anche di musica! Sì, effettivamente potresti aiutarmi: tu che cosa gli chiederesti?

Lorenzo: Allora... gli chiederei... quali canzoni diventano dei successi!

Gianna: Ah, bella questa, avevo pensato a una domanda simile: quali artisti diventano delle star.

Lorenzo: Vedi? Poi, mi piacerebbe sapere come nascono le tendenze, le mode musicali.

Gianna: Lorenzo! Ma sei proprio bravo!

Lorenzo: Hai visto? E poi, sarebbe interessante capire se il successo dipende dai concerti, dai download, dalla radio, dai social media...

Gianna: Fantastico! Ma queste domande ti vengono spontanee?

Lorenzo: Veramente... ho incontrato Michela ieri e mi ha detto dell'intervista. Così mi sono preparato un po'!

Gianna: Ahaha, non importa, sono carine le tue domande, le userò!

Lorenzo: Grazie. E la seconda intervista, a chi la farai?

Gianna: Eh? ...La seconda? A... Ilaria Grande.

Lorenzo: La vincitrice di *La Voce*? Gianna, la devo assolutamente conoscere! Mi porteresti con te? Ti prego!

Gianna: Ecco, lo sapevo, il solito Lorenzo!

2 Rispondete alle domande.

1. Perché per Gianna è una settimana difficile?
2. Cosa sarebbe interessante per Lorenzo?
3. Perché Lorenzo è così bravo a fare le domande?
4. Chi è Ilaria Grande?

3 In coppia leggete il dialogo: uno di voi è Lorenzo, l'altro è Gianna.

4 Raccontate di cosa parlano Gianna e Lorenzo.

....
....
....
....

5 Lorenzo dice: "Mi porteresti con te?". Trovate nel dialogo gli altri 5 verbi come *porteresti* e poi completate la telefonata tra Elena e Gianna.

Elena: Gianna!!! Come stai? .... (1) bello vederti ogni tanto!

Gianna: Ciao Elena! Mi .... (2) davvero tanto! Ma devo fare due interviste questa settimana e non ho ancora preparato le domande.

Elena: .... (3) farti aiutare da Lorenzo, lo sai che è bravo in queste cose.

Gianna: Sì, ma tu .... (4) una cosa del genere a Lorenzo?

Elena: Beh, io lo .... (5) proprio a lui, perché no! Tu non lo .... (6) con te?

Gianna: Ahaha!!! Sì, come assistente!!! ...Preferirei di no! Ahaha!

6 Adesso completate la tabella.

Il condizionale semplice/presente

portare	chiedere	preferire
porterei	....	....
....	....	preferiresti
porterebbe	chiederebbe	preferirebbe
porteremmo	chiederemmo	preferiremmo
portereste	chiedereste	preferireste
porterebbero	chiederebbero	preferirebbero

Secondo voi, quando usiamo il condizionale semplice?

Vorrei scaricare lo stress...
ma non trovo l'applicazione!

7 Formate delle frasi con i verbi al condizionale.

1. Guardate che gelato! Noi ne (*mangiare*) volentieri uno!
2. Al posto tuo (io, *accettare*) volentieri la sua proposta.
3. Domani (tu, *prendere*) tu i bambini da scuola?
4. Carla, se possibile, (lei, *preferire*) andare allo spettacolo delle 9.
5. Voi chi altro (*invitare*) alla festa?

es. 1-
p. 1

8 Abbinate l'infinito del verbo al condizionale, come nell'esempio in blu.

Verbi irregolari al condizionale

infinito	condizionale	infinito	condizionale
essere	darei	dovere	andrei
avere	sarei	potere	dovrei
dare	avrei	sapere	vorrei
stare	farei	andare	potrei
fare	starei	volere	saprei

La tabella completa nell'Approfondimento grammaticale a pagina 217.

9 Formate delle frasi con i verbi al condizionale.

1. Ragazzi, (*sapere*) dirmi come si arriva ai Navigli?
2. (tu, *andare*) a vivere per sempre in Italia?
3. Il famoso gruppo americano (*dovere*) arrivare in Italia domani.
4. Ad essere sinceri, (*volere*) andare anche noi al concerto.
5. Giulia (*fare*) volentieri un viaggio in Puglia, le piace molto.

Navigli, Milan

es. 3-5
p. 117

B   Al tuo posto guarderei il Festival di Sanremo...

55 **1** Ascoltate il dialogo e indicate le affermazioni veramente presenti.

☐ 1. Paul vorrebbe conoscere meglio la musica italiana.
☐ 2. A Sara non piace la musica rap.
☐ 3. Paul sa suonare uno strumento.
☐ 4. Il Festival di Sanremo è una gara per cantanti italiani.
☐ 5. Sara non sa dove abita Paul.

2 a Leggete il dialogo e trovate i verbi per completare le battute sotto.

Paul: Sara, tu che sei appassionata di musica, potresti darmi qualche suggerimento? Vorrei conoscere un po' meglio la musica italiana.

Sara: Certo. A me per esempio piacciono cantanti come Giorgia, Alessandra Amoroso, Marco Mengoni... Se ti piace la musica leggera, pop, prova a cercarli su YouTube o su Spotify. Così magari scoprirai anche altri cantanti.

Paul: Bene, anche se il pop non è proprio il mio genere.

Sara: Che musica ascolti?

Paul: Rock, blues, rap...

Sanremo, Imperia

Sara: Allora, se ti piace la musica rock dovresti ascoltare assolutamente qualcosa di Ligabue, di Vasco Rossi o di Gianna Nannini che hanno fatto grandissime canzoni!

Paul: Ah, bene.

Sara: Oppure per il rap potresti provare con la musica di Fedez o di Fabri Fibra... Anzi, al posto tuo guarderei il Festival di Sanremo. Ma lo sai che stasera c'è proprio la prima puntata?

Paul: Il Festival di Sanremo? Sì, ne ho sentito parlare...

Sara: È una manifestazione per cantanti italiani. Si esibiscono moltissimi artisti ed è possibile ascoltare vari generi musicali: sicuramente ne troverai alcuni che ti piacciono.

Paul: Ottima idea. Potremmo guardarlo insieme. Ti va?

Sara: Perché no? Passo da casa tua verso le otto?

Paul: Sì, perfetto.

Sara: Eh, però mi dovresti dare il tuo indirizzo.

Paul: Giusto, scrivi? Via Ghilebbina 12.

3. .... darmi qualche suggerimento?

4. .... conoscere un po' meglio la musica italiana.

1. .... ascoltare qualcosa di Ligabue.

5. .... provare con la musica di Fedez o Fabri Fibra.

2. Al tuo posto .... il Festival di Sanremo.

6. Mi .... dare il tuo indirizzo.

b Adesso, a coppie, inserite le battute nella tabella.

Usi del condizionale semplice

Dare consigli	Esprimere un desiderio *(realizzabile)*	Chiedere qualcosa gentilmente
....	*Preferirei* uscire...	*Ti/Le dispiacerebbe...* ?
....	*Mi piacerebbe* rimanere...	*Potrebbe..., per piacere?*
....	*Andrei (volentieri)...*	.....................?
Faresti bene a...	*Avrei voglia di* visitare...	....
Un'idea sarebbe...	....	

nuovissimo
PROGETTO
italiano

1

👥 **3** Lavorate in coppia: guardate le tabelle precedenti e fate dei mini dialoghi per le seguenti situazioni.

1. C'è un concerto importante in una città vicino alla vostra.
2. Sei in treno e la persona accanto a te parla ad alta voce al cellulare.
3. Un vostro amico vuole imparare una lingua straniera.
4. Chiedi a un passante di indicarti la strada.
5. Hai molta fame.
6. Non sai cosa regalare a due amici che si sposano.

es. 6-❶
p. 1

4 Abbinate le battute alle funzioni, come negli esempi. Il condizionale si usa anche per...

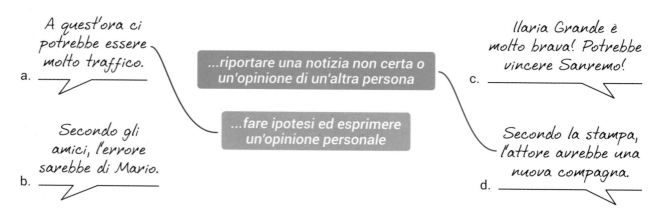

a. *A quest'ora ci potrebbe essere molto traffico.*

...riportare una notizia non certa o un'opinione di un'altra persona

c. *Ilaria Grande è molto brava! Potrebbe vincere Sanremo!*

...fare ipotesi ed esprimere un'opinione personale

b. *Secondo gli amici, l'errore sarebbe di Mario.*

d. *Secondo la stampa, l'attore avrebbe una nuova compagna.*

5 Completate le frasi con i verbi dati.

dovrebbe cominciare ✕ *dovrebbe avere*
potrebbero essere ✕ *coinvolgerebbe* ✕ *tornerebbe*

1. Mario e Chiara .... già al mare.
2. Secondo l'articolo, lo scandalo .... anche due ministri.
3. Il Presidente della Repubblica .... stasera.
4. Orlando .... già la patente.
5. Il film .... da un momento all'altro.

es. 10-1
p. 120

🧩 **6** Mimo

A mima uno dei verbi dati sotto, senza parlare.
B, a libro chiuso, deve dire l'infinito del verbo e almeno
una persona del condizionale semplice. Se la risposta
di *B* è corretta, la coppia vince 1 punto. Poi i ruoli
cambiano. Vediamo quale coppia fa più punti!

leggo ✕ *mangio* ✕ *guido* ✕ *parto* ✕ *gioco*
mi lavo ✕ *scrivo* ✕ *esco* ✕ *dormo* ✕ *mi vesto*

L'avrei visto volentieri, ma...

1 Sara e Paul si incontrano per guardare insieme il Festival di Sanremo, però...
Ascoltate il dialogo e mettete in ordine le immagini.

a

b

c

d

e

f

2 Adesso leggete cosa è successo e verificate le vostre risposte.

Dario: Hai visto il Festival ieri?

Sara: L'avrei visto volentieri, ma...

Dario: Cos'è successo?

Sara: Niente, mi ero messa d'accordo con Paul: avremmo visto il Festival a casa sua. Infatti, alle 8 ero da lui, puntuale... abbiamo ordinato una pizza, ci siamo seduti comodi sul divano... ma la tv non si accendeva.

Dario: Come non si accendeva?

Sara: Abbiamo provato di tutto, evidentemente c'era un guasto. Allora abbiamo pensato di guardarlo in diretta streaming sul sito della Rai.

Dario: Ah, giusto!

Sara: Macché! La connessione era lentissima e si vedeva male. Io avrei invitato Paul a venire a casa mia, ma ho appena fatto il trasloco e l'appartamento è sottosopra.

Dario: Sareste potuti venire da me!

Sara: Già, non ci ho pensato. Comunque, alla fine sono rimasta un'oretta e poi sono tornata a casa.

Dario: Allora sei riuscita a vedere un po' di Festival?

Sara: Solo l'ultima mezz'oretta, perché al ritorno ho incontrato traffico e ho fatto tardi.

Dario: Oddio, che serata sfortunata!

Sara: Guarda, lascia stare...

3 Osservate: "l'avrei visto volentieri!". Trovate e sottolineate nel dialogo precedente i verbi come *avrei visto* per completare le frasi.

1. Probabilmente (voi, *potere venire*) prima, ma oggi c'è molto traffico.
2. (noi, *vedere*) l'ultimo film di Nanni Moretti, ma non era più nelle sale.
3. (io, *invitare*) Paola alla festa, ma non rispondeva al telefono.
4. (io, *vedere*) la partita, ma dovevo lavorare.

4 Inserite nella tabella le forme mancanti e poi completate la regola.

Il condizionale composto/passato

Avresti Avrebbe	visto	il Festival di Sanremo.	Saresti Sarebbe Saremmo	andati	a casa sua.
Avreste Avrebbero			Sarebbero		

Il condizionale composto si forma con il condizionale semplice di .... o .... + il participio ....

5 Esprimete i vostri desideri in queste situazioni usando il condizionale composto.

I tuoi amici sono andati al mare, ma tu dovevi studiare...

L'insegnante vi aveva parlato di una vacanza studio, ma costava troppo.

Non sei andato a una festa e poi hai saputo che c'era la ragazza che ti piace...

4

5 6

I biglietti per un grande concerto di musica rock sono già esauriti!

Ieri alla TV c'era un film italiano che volevi tanto vedere.

Hai speso i soldi che avevi messo da parte per comprare la nuova PlayStation.

6 Composto o semplice? Completate le frasi.

1. (io, *andare*) al mare, ma il cielo era nuvoloso.
2. (io, *andare*) al mare oggi: fa troppo caldo.
3. Voi (*venire*) con noi a teatro la prossima settimana?
4. Mia nonna è ancora in ospedale, altrimenti noi (*sposarsi*) il mese prossimo.
5. Marcello ti (*chiamare*) stasera per invitarti, ma è un po' timido.
6. Noi (*mangiare*) un altro pezzo di tiramisù, ma era finito.

es. 12-16 p. 121

Sarei passato...

1 Leggete i fumetti e completate la tabella.

Lo so già, Lorenzo arriverà in ritardo.

Lo sapevo che saresti arrivato in ritardo.

Esprimere il futuro nel passato

Lorenzo dice che passerà. →	Lorenzo ha detto che _____.
Spero che mi chiamerai. →	Speravo che mi avresti chiamato.
Sono sicuro che ci andrai. →	Ero sicuro che ci saresti andato.

2 Trasformate le frasi al passato, come nell'esempio.

Sai cosa farai? → *Sapevi cosa avresti fatto?*

1. Siamo certi che le vacanze saranno bellissime.
2. Spero che alla festa rivedrò tutti i vecchi amici.
3. Sei sicura che riuscirai a fare tutto da sola?
4. Sperano che l'esame finale sarà facile.
5. Io non so ancora cosa farò da grande.

es. 17-19
p. 122

3 Riassumiamo.

Condizionale semplice e composto: differenze

Condizionale semplice	Condizionale composto
Esprimere un desiderio realizzabile: Mangerei volentieri un altro po'.	**Esprimere un desiderio non realizzato:** Avrei comprato il regalo, ma era troppo caro.
Chiedere gentilmente: Mi presteresti il tuo libro?	**Azione futura rispetto ad un'altra passata:** Ha detto che sarebbe venuto.
Esprimere opinione / ipotesi: Non dovrebbe essere molto difficile.	
Dare consigli (realizzabili): Dovresti spendere di meno!	**Dare consigli (non più realizzabili):** Avresti dovuto spendere di meno!

E Vocabolario e abilità

1 Abbinate le parole alle immagini.

- [ ] 1. microfono
- [ ] 2. batteria
- [ ] 3. cuffie
- [ ] 4. chitarra
- [ ] 5. tastiera

2 Completate le frasi con le parole date.

Festival × *testi* × *autore* × *tournée* × *cantante*

1. Tiziano Ferro è un .... italiano famoso anche all'estero.
2. Quest'anno Andrea Bocelli farà una .... mondiale.
3. Eros Ramazzotti compone anche i .... delle sue canzoni.
4. Con *Volare*, Domenico Modugno ha vinto il .... di Sanremo nel 1958.
5. Lucio Dalla è l'........................ della canzone *Caruso*, che ha cantato anche Luciano Pavarotti.

3 Ascolto Quaderno degli esercizi (p. 125)

4 Parliamo

1. Quali generi musicali ti piacciono? Quali sono i tuoi cantanti preferiti? Fai una piccola indagine per individuare le preferenze musicali dell'intera classe.
2. Quando e in quali occasioni ascolti musica?
3. Sai suonare uno strumento? Se sì, quale? Se no, quale ti piacerebbe imparare a suonare?
4. Racconta di un concerto che hai ascoltato dal vivo o in TV: chi erano gli artisti, dove l'hanno fatto, ti è piaciuto? Perché?
5. È diffusa la musica italiana nel tuo Paese? Conosci canzoni italiane moderne o del passato?

5 Situazione

A e *B* vogliono fare un regalo a un loro amico che ama molto la cultura italiana. *A* propone di regalargli il numero 1 o 2, mentre *B* il numero 3 o 4. Fate il dialogo dove ognuno spiega le sue preferenze. Alla fine, che cosa gli regalate?

Un biglietto per un concerto di musica rock

Un libro sulla storia del Festival di Sanremo

Un biglietto per un concerto di musica pop

Un abbonamento annuale a una rivista di musica

6 Scriviamo

Ieri sei stato/a a un concerto di un cantante/gruppo che piace tanto anche a una tua amica italiana. Scrivile un'e-mail per raccontarle questa esperienza.

es. 20-26 p. 123

Test finale p. 189

Musica italiana

Giusy Ferreri è una cantautrice* pop-rock. Alcuni dei suoi singoli, come *Roma-Bangkok* e *Amore e Capoeira*, sono rimasti in classifica più delle canzoni di Madonna! Per la sua voce particolare è chiamata la Amy Winehouse italiana.

Marco Mengoni è diventato famoso grazie al talent show *X Factor*. Le sue canzoni sono generalmente molto romantiche* (tra le più belle *Ti ho voluto bene veramente*) e la sua voce, tra il soul e il blues, fa davvero emozionare. Ha vinto anche il Festival di Sanremo con la canzone *L'essenziale*.

Jovanotti ha cominciato la sua carriera come DJ e cantante di musica rap. Infatti introduce, alla fine degli anni '80, questo genere in Italia. Oggi è un cantautore di grande successo e nelle sue canzoni mette insieme suoni etnici e pop. Tra le sue canzoni più conosciute anche all'estero: *Baciami ancora*, *L'ombelico del mondo* e *Bella*.

Anche la cantante pop Emma Marrone ha iniziato la sua carriera grazie a un noto programma televisivo e talent show italiano: *Amici*. Da allora, ha partecipato a molte competizioni nazionali e internazionali, come *Eurovision*, *MTV Europe Music Awards* e i *World Music Award*, vincendo Sanremo con *Non è l'inferno*.

Mini quiz

- ◆ I generi musicali introdotti da Jovanotti e Tiziano Ferro.
- ◆ Almeno due cantanti che hanno vinto Sanremo.
- ◆ Due famosi rapper italiani.
- ◆ Almeno due cantanti diventati famosi grazie ai talent show.

Laura Pausini ha vinto Sanremo con *La solitudine* a soli 18 anni. Oggi ha un successo internazionale: solo in America Latina ha venduto oltre 70 milioni di dischi. Nella sua carriera ha ottenuto prestigiosi* riconoscimenti nazionali ed internazionali: *Sanremo, Festivalbar, World Music Awards, Grammy Award*... Possiamo affermare che la Pausini è la bandiera della musica italiana nel mondo!

Con *Perdono* nel 2001, Tiziano Ferro introduce la musica R&B in Italia. I suoi testi sono particolari e carichi di significati profondi. Oggi è molto famoso sia in Italia che all'estero e nella sua carriera ha venduto milioni di copie nel mondo. Numerosissimi i riconoscimenti per la sua musica in varie manifestazioni: *Festivalbar, MTV Music Award, Billboard Latin Music Award* ecc.

Fedez è un pop-rapper molto amato dai giovani. Collabora spesso con altri famosi rapper italiani. Con J-Ax, ad esempio, ha realizzato un album di successo: *Comunisti col Rolex*, di evidente critica sociale.

Il matrimonio con la fashion blogger e influencer Chiara Ferragni lo ha reso ancora più celebre.

Fate una breve ricerca su uno dei cantanti italiani indicati a destra e poi presentate le vostre informazioni alla classe. Mostrate delle immagini e/o fate ascoltare una sua canzone.

Includete le seguenti informazioni:

- *il genere di musica,*
- *come è diventato/a famoso/a,*
- *le sue canzoni più famose,*
- *i temi delle sue canzoni,*
- *collaborazioni con altri artisti.*

Ligabue
Vasco Rossi
Eros Ramazzotti
Alessandra Amoroso
Fabri Fibra
Max Gazzè
Gianna Nannini
Niccolò Fabi
Malika Ayane

Espressioni utili:

- *Oggi vi presento...*
- *È diventato/a famoso/a grazie a...*
- *Nelle sue canzoni parla di...*

Glossario. *cantautrice:* cantante che scrive le sue canzoni; *romantico:* che fa sognare; *prestigioso:* straordinario, eccezionale.

Attività online

Che cosa hai imparato nelle unità 10 e 11?

1 Sai...? Abbina le due colonne.

1. esprimere un desiderio realizzabile
2. esprimere il futuro nel passato
3. dare consigli
4. chiedere qualcosa in modo gentile
5. dare indicazioni

a. *Potresti passarmi il sale?*
b. *Credevo che mi avresti telefonato.*
c. *Avrei voglia di fare quattro passi.*
d. *Secondo me, faresti bene ad accettare.*
e. *Gira a destra e poi sempre dritto.*

2 Abbina le frasi. Attenzione: c'è una risposta in più!

1. Perché non mi hai chiamato ieri?
2. Non so che fare. Qualche consiglio?
3. Mi presteresti la tua sciarpa rosa?
4. Mi sono perso, mi potrebbe aiutare?
5. Sa dov'è la Banca Toscana?

a. *Non mi va molto.*
b. *Prendila pure!*
c. *L'aiuterei volentieri, ma non sono di qui.*
d. *Al terzo incrocio a sinistra.*
e. *Io al posto tuo, insisterei.*
f. *L'avrei fatto, ma ero impegnato.*

3 Completa.

1. Due strumenti musicali: ....
2. Quattro cantanti italiani: ....
3. Un famoso festival di musica italiana: ....
4. Il singolare di *andateci!*: ....
5. Il condizionale composto di *leggere* (prima persona singolare): ....

4 Completa le frasi con le parole date. Attenzione: ci sono 2 parole in più!

partita | canale | gruppo | cantante | concerto
batteria | microfono | tournée | canzoni | pianoforte

1. La .... ha preso il .... e ha cominciato a cantare.
2. Il famoso .... parte per una grande .... in oltre 20 città europee.
3. Da piccolo suonavo il ...., a 15 anni componevo musica e scrivevo ....,
   ma alla fine sono diventato DJ!
4. Appena è finita la ...., ho subito cambiato
   ....

Controlla le soluzioni a pagina 190. Sei soddisfatto/a?

Il Colosseo, Roma

Che cosa hai imparato in *Nuovissimo Progetto italiano 1*?

1 Dove o in quale occasione sentiresti le seguenti espressioni e parole?

1. "Un macchiato"
   - ☐ a. dal fruttivendolo
   - ☐ b. al bar
   - ☐ c. al supermercato

2. "Che numero porta?"
   - ☐ a. in un negozio di abbigliamento
   - ☐ b. in un negozio di scarpe
   - ☐ c. in un negozio di alimentari

3. "Due biglietti per favore!"
   - ☐ a. sull'autobus
   - ☐ b. sulla metro
   - ☐ c. in tabaccheria

4. "Un etto basta"
   - ☐ a. in farmacia
   - ☐ b. dal fioraio
   - ☐ c. in un negozio di alimentari

5. "Solo andata?"
   - ☐ a. alla biglietteria
   - ☐ b. in aereo
   - ☐ c. in un negozio

6. "Pronto?"
   - ☐ a. in un negozio
   - ☐ b. al supermercato
   - ☐ c. al telefono

7. "Al dente"
   - ☐ a. dal dentista
   - ☐ b. al bar
   - ☐ c. al ristorante

8. "In contanti"
   - ☐ a. in un negozio
   - ☐ b. per strada
   - ☐ c. a casa

2 Abbina le due colonne. Attenzione: c'è una risposta in più.

1. Grazie cara!
2. Quando è successo?
3. Alla fine parti o no?
4. Ragazzi, oggi scriveremo un test.
5. Posso essere d'aiuto?
6. E tu che ne pensi?
7. Ma è lontano?
8. Vuoi venire con noi?

- ☐ a. Per due ore.
- ☐ b. Accidenti!
- ☐ c. Girate a sinistra e lo vedrete.
- ☐ d. Nel settembre scorso.
- ☐ e. Grazie, faccio da sola.
- ☐ f. Con piacere!
- ☐ g. Mah, vedremo.
- ☐ h. Secondo me, è un errore.
- ☐ i. Figurati!

3 Inserisci le parole date nella categoria giusta. Ogni categoria ha 3 parole.

detersivo **|** sciarpa **|** cappotto **|** parmigiano **|** pentola **|** Carnevale **|** ristretto
Befana **|** temporale **|** binario **|** uova **|** giacca **|** penne **|** Freccia **|** stazione
temperatura **|** Capodanno **|** tazza **|** nuvoloso **|** tè **|** primo

1. *bar* ....
2. *pasta* ....
3. *feste* ....
4. *supermercato* ....
5. *abbigliamento* ....
6. *tempo* ....
7. *treni* ....

4 Riordina le parole per formare delle frasi. Comincia con le parole in blu.

1. ci è tardi. si perché è andata non svegliata ....
2. avrò quando studiare chiamerò. finito di ti ....
3. ha che niente. non detto ne mi sapeva ....
4. verremo a voi in Natale con montagna. ....
5. che ha passato sarebbe tua. da casa promesso ....
6. non chiama digli Stefano che se ci sono. ....

5 Completa le frasi con le forme del verbo *leggere* date a destra alla rinfusa.

1. A dieci anni .... le favole.
2. In vacanza .... sempre almeno un paio di libri.
3. Oggi .... volentieri un giornale sportivo.
4. Mi ha regalato un libro che ....
5. Questo articolo l' .... proprio una settimana fa.
6. Ieri sera .... volentieri un libro, ma ero stanco.
7. La rivista che mi hai prestato la .... domani.

leggo

ho letto

leggerò

leggevo

avevo già letto

leggerei

avrei letto

6 Completa le frasi con le parole mancanti.

1. Signora, ... prego .... non dire niente a mia madre, ... dirò tutto io stasera.
2. Perché .... sei alzata così presto, hai molto .... fare prima .... viaggio?
3. Mentre andavo .... scuola ho visto Anna e .... ho invitata .... mia festa.
4. .... ha chiesto di andare con lui .... cinema e molto probabilmente .... andrò.
5. Gianna ha accettato .... uscire con Mario, anche se inizialmente .... aveva detto .... no.

7 Scrivi i contrari delle seguenti parole.

1. alto ....
2. lungo ....
3. salire ....

4. aprire ....
5. difficile ....
6. addormentarsi ....

Controlla le soluzioni a pagina 190.

Sei soddisfatto/a di quello che hai imparato?

Vi aspettiamo tutti in...

Episodio - Un nuovo lavoro

Per cominciare...

Guardate le immagini sotto, poi leggete le parole che seguono e che trovate anche a pagina 15. Secondo voi, quali ci sono anche nell'episodio video?

collega ✕ metro ✕ giornale ✕ centro ✕ casa ✕ carina ✕ simpatica ✕ macchina

Guardiamo

Guardate l'episodio e abbinate le battute ai fotogrammi.

1. Arrivederci!
2. E tu, dove abiti, Gianna?
3. Ciao Michela, ci vediamo domani!
4. Buongiorno! Sei Gianna, no?

Facciamo il punto

1 In coppia, descrivete le due protagoniste.

	capelli	occhi	altro	
Gianna			☐ alta ☐ allegra	☐ bassa ☐ scortese
Michela			☐ magra ☐ triste	☐ grassa ☐ simpatica

2 Guardate di nuovo l'episodio dal minuto 2'23". Con chi parla Gianna? Che cosa dice?

Episodio - Che bella casa!

Per cominciare...

1 Nell'unità 2 ci sono queste parole. Ricordate cosa significano? Quali sono relative alla casa?

strumento × *appartamento* × *biglietto* × *balcone* × *affitto* × *soggiorno*

 2 In coppia, guardate i primi 35 secondi dell'episodio: secondo voi, come continua? E come finisce?

Guardiamo

1 Guardate tutto l'episodio e verificate le vostre ipotesi.

2 Cosa dicono i due protagonisti? Abbinate le parole ai fotogrammi, come nell'esempio in blu.

☐ disordine ☐ comoda ☐*a* ☐ carino ☐ grande

Facciamo il punto

1 Mettete in ordine le battute e poi scrivete L accanto alle battute di Lorenzo e G accanto a quelle di Gianna, come nell'esempio in blu. Se volete, potete guardare di nuovo l'episodio.

☐ a. Senti, vuoi bere qualcosa?   ☐ d. Beviamo qualcosa fuori?

☐1 b. L'ascensore è in fondo a destra!   ☐ e. Proprio bella la tua casa!

☐ c. Non posso restare molto tempo. L   ☐ f. Perfetto! Andiamo, allora.

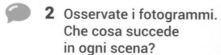

💬 **2** Osservate i fotogrammi. Che cosa succede in ogni scena?

3 Quali espressioni (incontrate anche a pagina 33 del Libro dello Studente) usano Lorenzo e Gianna per invitare e accettare un invito?

Episodio - Un video da inviare

Per cominciare...

Guardate i primi 44 secondi dell'episodio. Ricordate a chi deve mandare il video Gianna?
Che video è? Fate delle ipotesi.

Guardiamo

1 Guardate tutto l'episodio e verificate le vostre ipotesi.

2 Osservate e mettete in ordine i fotogrammi.

a — Ma quanto sei paziente Gianna!

b — Vado e torno fra due ore... Tu intanto cerchi.

c — Quale computer? Oh, no!

d — Dai, quanto sei impaziente Lorenzo! Uff!

Facciamo il punto

1 Osservate i gesti e le espressioni di Lorenzo e Gianna: abbinate le frasi ai fotogrammi, come nell'esempio in blu.

3 a. Eccolo, vedi?

☐ b. No, qui al nuovo cinema, di fronte all'ufficio postale.

☐ c. Forse è molto pesante.

☐ d. Certo... almeno credo...

2 Scrivete un riassunto dell'episodio.

Episodio - Una pausa al bar

Per cominciare...

 Guardate l'episodio fino al minuto 1'30". Secondo voi, cosa porta il cameriere a Gianna e a Lorenzo?

Guardiamo

1 Guardate tutto l'episodio e verificate le vostre ipotesi.

2 Abbinate le frasi date ai fotogrammi.

a. Ma hai già ordinato una spremuta!
b. Io vorrei una spremuta d'arancia.
c. No, io ho ordinato solo il tiramisù! Che confusione!
d. Ho capito. Allora, ripeto: per la signora...

Facciamo il punto

1 Rispondete alle domande.

1. Perché Gianna non ha fame?
2. Perché poi cambia idea e ordina da mangiare?
3. Come vuole il caffè Lorenzo?
4. Perché il cameriere ha sbagliato le ordinazioni?

 2 In coppia, osservate il listino del bar a pagina 67: in base alle ordinazioni portate dal cameriere (quelle sbagliate!), quanto devono pagare in totale Gianna e Lorenzo?

Episodio - Facciamo l'albero di Natale?

Per cominciare...

Sappiamo che Gianna andrà a Palermo dal fratello. Secondo voi, Lorenzo come passerà le feste?

Guardiamo

1 Guardate l'episodio e verificate le vostre ipotesi.

2 In coppia. Abbinate le frasi ai fotogrammi, poi indicate la sequenza giusta.

a. Senti, non ho ancora trovato tutti gli addobbi.

b. • Ah, pure il presepe?
 • Eh, sì, mi è sempre piaciuto, sai, fin da bambino.

c. • Grazie per l'aiuto!
 • Figurati, mi piace fare l'albero di Natale.

d. Ma abbiamo già finito?!

Facciamo il punto

1 Rispondete alle domande.

1. Lorenzo probabilmente viaggerà
   - ☐ a. con 4 amici
   - ☐ b. con 2 amici
   - ☐ c. con la famiglia

2. Lorenzo andrà
   - ☐ a. sulle Dolomiti
   - ☐ b. in Molise
   - ☐ c. sul Lago Maggiore

3. Lorenzo prenderà
   - ☐ a. la macchina e l'autobus
   - ☐ b. il treno e la macchina
   - ☐ c. il treno e l'autobus

2 Scrivete un riassunto dell'episodio.

Episodio - Ho una fame...!

Per cominciare...

 1 Guardate senza audio i primi 40 secondi dell'episodio e descrivete la situazione.

2 Fate due gruppi. Il gruppo A esce dalla classe e il gruppo B guarda l'episodio dall'inizio fino a 1'37". Dopo il gruppo A torna in classe e il gruppo B esce. Il gruppo A guarda l'episodio da 1'37" in poi. Alla fine, ogni gruppo fa 2 o 3 domande all'altro e insieme cercano di ricostruire tutto l'episodio.

Guardiamo

1 Cosa ordinano i protagonisti? Scegliete tra questi piatti e poi guardate l'intero episodio: verificate se avete scelto i piatti giusti e se avete fatto bene il riassunto all'attività precedente.

- ☐ bruschette
- ☐ insalata mista
- ☐ formaggi
- ☐ pollo
- ☐ spaghetti
- ☐ risotto
- ☐ mozzarella
- ☐ cotoletta
- ☐ patate
- ☐ tagliatelle
- ☐ fusilli
- ☐ bistecca

2 Ora fate l'abbinamento come nell'esempio in blu.

antipasto
primo
secondo
contorno

Facciamo il punto

1 Indicate le affermazioni vere. Se volete, potete rivedere l'episodio.

- ☐ 1. A Gianna piace la pasta al dente.
- ☐ 2. Non è la prima volta che Lorenzo va in quel ristorante.
- ☐ 3. A Lorenzo piacciono molto le bruschette.
- ☐ 4. Gianna preferisce i fusilli al pomodoro e basilico.
- ☐ 5. Gianna non vuole i cetrioli.
- ☐ 6. Lorenzo non ama i piatti piccanti.

50-60 **2** Scrivete un breve riassunto dell'episodio.

Episodio - Che film andiamo a vedere?

Per cominciare...

In coppia, provate ad abbinare le frasi ai fotogrammi e cercate di indovinare cosa succede nell'episodio che vedrete.

a. *Beh! Ci sono due o tre film interessanti.*

b. *E no, caro mio, stavolta non ci casco!*

c. *Senti, prendiamo i pop corn? Da piccola, quando andavo al cinema con i miei, li prendevo sempre!*

d. *Bello, bello... Poi con tutti quei panorami di Firenze... bello.*

Guardiamo

Guardate l'episodio per intero. Osservate le immagini, leggete le battute e scegliete la risposta corretta.

1. Gianna usa l'espressione in blu per dire:
   - a. non vengo con te!
   - b. non credo alle tue parole!
   - c. non esco prima della fine del film!

2. Gianna usa l'espressione in blu per dire:
   - a. All'Odeon danno gratis il dvd del film.
   - b. Il film è in programma al cinema Odeon, ma solo per oggi.
   - c. Al cinema Odeon proiettano il film.

3. Gianna usa l'espressione in blu per dire:
   - a. Ma cosa dici...?
   - b. Ma cosa vuoi...?
   - c. Ma dove vai...?

Facciamo il punto

Riguardate il primo minuto dell'episodio: quale delle espressioni date (viste già a pagina 110 del Libro dello studente) usano Lorenzo e Gianna?

- D'accordo!
- Non sono d'accordo!
- Non è vero!
- È proprio vero!

Episodio - Arriva lo zio Tony!

Per cominciare...

1 Il titolo di questa puntata è "Arriva lo zio Tony!". Secondo voi, chi è lo zio Tony? Da dove arriva? A coppie, fate delle ipotesi su cosa succederà.

2 Abbinate i prodotti alle foto.

a. *tortellini al prosciutto* ✕ b. *parmigiano* ✕ c. *gorgonzola*
d. *mozzarella di bufala* ✕ e. *ravioli di zucca*

  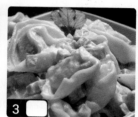  

1   2   3   4   5

Guardiamo

1 Guardate l'episodio fino a 0'50" e sottolineate le espressioni di sorpresa e di rammarico che usa Lorenzo al telefono; espressioni incontrate anche a pagina 119 del Libro dello studente.

Esprimere gioia
Che bello!   Che bella notizia!
Che bella idea!   Che fortuna!

Esprimere rammarico
Peccato!   Accidenti!
Mannaggia!   Che rabbia!

2 Guardate l'episodio per intero e verificate le risposte al punto 1 della sezione Per cominciare.

Facciamo il punto

1 Gianna parla di "prodotti DOC e DOP". Sapete che cosa sono?

2 Osservate i fotogrammi e descrivete che cosa succede in ogni scena.

1

2

3

4

Episodio - Che taglia porti?

Per cominciare...

Come potete immaginare dal titolo, in questo episodio Gianna e Lorenzo sono in un negozio di abbigliamento. Secondo voi, quali delle espressioni e parole date troveremo nel corso dell'episodio?

☐ non mi sento bene   ☐ c'è uno sconto?   ☐ vestito
☐ scarpe   ☐ azzurro   ☐ mi preparo
☐ occhiali   ☐ che te ne pare?   ☐ ti sta molto bene

Guardiamo

1 Guardate l'episodio e verificate le ipotesi fatte nell'attività precedente.

2 Secondo voi, perché a un certo punto (2'14") Lorenzo dice a Gianna "Stai benissimo!"?

Facciamo il punto

Osserva le immagini dei due protagonisti.
In coppia, completate le battute.

> Ma vai a un matrimonio o a una festa in maschera?

> Guarda quel vestito.
> .... ?

> .... ?

> Sì, vorrei sapere se avete la mia taglia di quel bel vestito azzurro, che è in vetrina.

> Però ....
> Non c'è uno sconto?

> Proprio perché è l'ultimo, posso toglierle un 10%.

Episodio - Che rivista vuoi?

Per cominciare...

 1 Guardate i primi 50 secondi senza audio. Descrivete i luoghi e le persone. Secondo voi, cosa stanno dicendo? Cosa potete capire dalle espressioni di Lorenzo e Gianna?

2 Dividetevi in due gruppi. Il gruppo A esce dalla classe, mentre il gruppo B guarda l'episodio dall'inizio fino a 1'30". Successivamente il gruppo A rientra, mentre il B esce. Il gruppo A guarda l'episodio da 1'30" in poi. Alla fine, ogni gruppo fa 2 o 3 domande all'altro e insieme cercano di ricostruire tutto l'episodio.

Guardiamo

1 Guardate l'episodio per intero e scrivete quali giornali e riviste comprano Lorenzo e Gianna. Poi abbinatele alla persona giusta, come nell'esempio in blu.

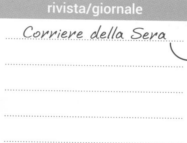

rivista/giornale

Corriere della Sera

 2 Perché Gianna vuole comprare il *Corriere della Sera*?

Facciamo il punto

 A coppie, osservate i fotogrammi e metteteli nell'ordine giusto. Poi, con l'aiuto delle immagini, raccontate quello che succede nell'episodio.

Episodio - Intervista a una cantante

Per cominciare...

 1 In coppia, guardate le immagini di alcuni momenti dell'episodio e abbinate le battute alle foto.

a. Dai, Lorenzo, lo studio è piccolo e non avremo più di 10-15 minuti.

b. "Casualmente" le faresti vedere la mia foto?

c. Ilaria, è cambiata la tua vita da quando hai vinto *La Voce*?

d. Puoi andare, ti aspetta di là.

2 Adesso immaginate la sequenza giusta delle foto e prevedete cosa accadrà in questo episodio. Scambiatevi idee tra coppie.

Guardiamo

1 Guardate l'episodio e verificate le ipotesi che avete fatto nell'attività precedente.

2 Ora rispondete alle seguenti domande:

a. Com'è cambiata la vita di Ilaria da quando ha vinto *La Voce*?

b. Che cosa pensa Ilaria dei talent show?

Facciamo il punto

Leggete i fumetti e scegliete l'alternativa giusta.

A
Ma che ci vieni a fare?

B
Che senso ha?

Nella frase A Gianna fa questa domanda a Lorenzo:
☐ per invitarlo ad andare con lei
☐ per convincerlo a non andare

Nella frase B Gianna risponde così a Lorenzo:
☐ perché è contenta della sua idea
☐ per fargli cambiare idea

Unità introduttiva
1. 1. b, 2. d, 3. c, 4. a
2. 1. La, 2. sono, 3. ha, 4. Il, 5. ha, 6. Gli
3. 1. le finestre aperte, 2. gli sport americani, 3. la ragazza alta, 4. la casa nuova, 5. i libri italiani, 6. la borsa piccola

Unità 1
1. 1. a, 2. c, 3. e, 4. b, 5. d
2. 1. b, 2. e, 3. d, 4. c, 5. a
3. 1. basso, 2. *guardate la cartina a pagina 27*, 3. capisci, 4. avete
4. naso, trenta, testa, biondo, minuti, sedici

Unità 2
1. 1. b, 2. e, 3. d, 4. c, 5. a
2. 1. c, 2. e, 3. a, 4. b, 5. d
3. 1. per, da, in, a...; 2. venerdì; 3. settimo; 4. voglio; 5. facciamo
4. **Orizzontale:** sesto, occhio, affitto, duemila, comodo; **Verticale:** vengo

Unità 3
1. 1. d, 2. b, 3. c, 4. e, 5. a
2. 1. d, 2. c, 3. e, 4. b, 5. a
3. 1. autobus, metro...; 2. gennaio; 3. sopra; 4. tengo; 5. vogliamo
4. 1. festa, 2. intorno, 3. mezzogiorno, 4. mittente, 5. soggiorno

Unità 4
1. 1. e, 2. a, 3. b, 4. c, 5. d
2. 1. d, 2. e, 3. a, 4. c, 5. b
3. 1. macchiato, ristretto...; 2. il cappuccino; 3. bevuto; 4. sono rimasto/a; 5. essere
4. **Orizzontale:** successo, piazza, giugno, panino, gelati; **Verticale:** sopra, listino, tavolino

Unità 5
1. 1. b, 2. d, 3. c, 4. a, 5. e
2. 1. c, 2. a, 3. e, 4. b, 5. d
3. 1. Intercity, Freccia...; 2. Natale, Capodanno, Pasqua...; 3. ho preso; 4. verrò; 5. sarò partito/a
4. 1. ombrello, 2. aeroporto, 3. libri, 4. panettone, 5. Palio di Siena

Unità 6
1. 1. e, 2. c, 3. a, 4. b, 5. d
2. 1. c, 2. b, 3. e, 4. a, 5. d
3. 1. colazione, pranzo, cena...; 2. buono, saporito...; 3. mie; 4. vorrò; 5. bei
4. 1. panna cotta, 2. risotto, 3. vitello, 4. ordinare

Unità 7
1. 1. e, 2. c, 3. a, 4. d, 5. b
2. 1. c, 2. b, 3. d, 4. e, 5. a
3. 1. Fellini, Tornatore, De Sica...; 2. Loren, Mastroianni, Sordi...; 3. mio; 4. facevate; 5. ero arrivato/a
4. **Orizzontale:** forchetta, pentola, comico, salato, regista; **Verticale:** ruolo, attore, film

Unità 8
1. 1. c, 2. a, 3. e, 4. b, 5. d
2. 1. c, 2. a, 3. d, 4. f, 5. b
3. 1. cinque; 2. libreria, fioraio...; 3. eravamo; 4. mi; 5. le ho viste (le abbiamo viste)
4. 1. fiori, 2. acqua minerale, 3. pesce, 4. formaggio

Unità 9
1. 1. c, 2. d, 3. a, 4. b, 5. e
2. 1. d, 2. f, 3. e, 4. a, 5. c
3. 1. Gucci, Prada, Versace...; 2. grigio, rosso, verde, blu...; 3. seta, cotone...; 4. lungo, a righe, elegante...; 5. ci siamo dovuti/e svegliare
4. **Orizzontale:** tacco, giacca, verde, provare, accessorio, prezzo, etto; **Verticale:** crudo, elegante, sconto

Unità 10
1. 1. e, 2. c, 3. a, 4. b, 5. d
2. 1. c, 2. d, 3. e, 4. b, 5. f
3. 1. Rai 3, Canale 5, LA7...; 2. la Repubblica, La Stampa, Il Corriere della Sera...; 3. documentario, talent show, serie tv. 4. non mangiarlo/non lo mangiare; 5. ci ha (hanno) detto tutto
4. 1. telegiornale, 2. puntata, 3. rivista, 4. cravatta

Unità 11
1. 1. c, 2. b, 3. d, 4. a, 5. e
2. 1. f, 2. e, 3. b, 4. c, 5. d
3. 1. chitarra, batteria...; 2. Pausini, Jovanotti, Fedez, Giusy Ferrero...; 3. Festival di Sanremo; 4. vacci!; 5. avrei letto
4. 1. cantante, microfono; 2. gruppo, tournée; 3. pianoforte, canzoni; 4. partita, canale

Autovalutazione generale
1. 1. b, 2. b, 3. c, 4. c, 5. a, 6. c, 7. c, 8. a
2. 1. i, 2. d, 3. g, 4. b, 5. e, 6. h, 7. c, 8. f
3. 1. *bar*: ristretto, tazza, tè; 2. *pasta*: pentola, penne, primo; 3. *feste*: Carnevale, Befana, Capodanno; 4. supermercato: detersivo, parmigiano, uova; 5. *abbigliamento*: sciarpa, cappotto, giacca; 6. *tempo*: temporale, temperatura, nuvoloso; 7. *treni*: binario, Freccia, stazione
4. 1. Non ci è andata perché si è svegliata tardi.
   2. Quando avrò finito di studiare ti chiamerò.
   3. Mi ha detto che non ne sapeva niente.
   4. A Natale verremo con voi in montagna.
   5. Ha promesso che sarebbe passato da casa tua.
   6. Se chiama Stefano digli che non ci sono.
5. 1. leggevo, 2. leggo, 3. leggerei, 4. avevo già letto, 5. ho letto, 6. avrei letto, 7. leggerò
6. 1. La, di, le; 2. ti, da, del; 3. a, l', alla; 4. Mi, al, ci; 5. di, gli, d
7. 1. basso, 2. corto, 3. scendere, 4. chiudere, 5. facile, svegliarsi

Unità introduttiva

Pronuncia

- In italiano la lettera c si pronuncia:

  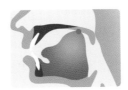 

  [k] se è seguita da A, O, U o H, come in cucina, musica, caffè, ascoltare, Colosseo, chiave, zucchero

  [tʃ] se è seguita da E o I, come in ciao, cinema, limoncello

- La lettera g si pronuncia:

  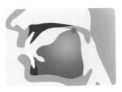 

  [g] se è seguita da A, O, U o H, come in gatto, galleria, gondola, singolare, lingua, spaghetti, ghiaccio

  [dʒ] se è seguita da E o I, come in pagina, parmigiano, gelato

- La lettera z si pronuncia:

  [dz] quando la z è all'inizio della parola* e quando si trova tra due vocali, come in zero, zaino

  Lo stesso suono, però prolungato, è presente in parole come mezzo

  [ts] quando la z precede i gruppi IO, IA, IE o è preceduta da una consonante, come in azione, canzone

  Lo stesso suono, però prolungato, è presente in parole come pizza, piazza

  * Esistono delle eccezioni.

- La lettera s si pronuncia:

  [s] quando la s è a inizio parola, o è preceduta da una consonante o è seguita da F, P, Q, T, come in borsa, sette, studente, o quando è doppia, come in espresso, basso

  [z] quando la s si trova tra due vocali* o prima di B, D, G, L, M, N, R, V come in musica, svizzero

  * Esistono delle eccezioni.

- Il gruppo gn si pronuncia [ɲ] come in insegnante, spagnolo.

- Il gruppo gl invece si pronuncia:

  [ʎ] quando è seguito da I o da I + una vocale, come in famiglia, figlio

  [gl] quando è seguito da A, E, O o U, come in inglese, glossario, gladiatore

- Il gruppo sc si pronuncia:

  [ʃ] quando è seguito da I o E, come in uscita, pesce

  [sk] quando è seguito da A, O, U o H, come in tedeschi, maschera, scuola

- Le **doppie consonanti** possono cambiare il significato di una parola, e devono essere pronunciate o rafforzando il suono (come nel caso della B, C, G, P, T) o prolungandolo (come nel caso di F, L, M, N, R, S, V, Z). Alcuni esempi sono:

cc	piccolo cappuccino	**gg**	oggi aggettivo	**tt**	otto attenzione

ff	caffè difficile	**ll**	bello fratello	**mm**	mamma immagine	**nn**	nonna anno

rr terra corretto

Sostantivi e aggettivi

Sostantivi e aggettivi in -o e in -a

In italiano i sostantivi e gli aggettivi hanno due generi: maschile e femminile. La maggior parte dei sostantivi e degli aggettivi **maschili** finisce in -o, -i. Quelli **femminili** invece finiscono in -a, -e.

maschile		femminile	
singolare in -o	**plurale** in -i	**singolare** in -a	**plurale** in -e
libro rosso	libri rossi	casa nuova	case nuove

Sostantivi in -e

Alcuni sostantivi maschili e femminili finiscono in -e al singolare e in -i al plurale.

a. Molti sostantivi in -ore, -ale e -iere sono **maschili**:
   errore → errori, attore → attori, sapore → sapori, stivale → stivali, giardiniere → giardinieri ecc.

b. Molti sostantivi in -ione, -udine e -ice sono **femminili**:
   azione → azioni, abitudine → abitudini, attrice → attrici ecc.

Sostantivi in -a

Alcuni sostantivi **maschili** di origine greca finiscono in -a al singolare e in -i al plurale:
panorama → panorami, problema → problemi, programma → programmi, tema → temi, clima → climi, telegramma → telegrammi.

Alcuni sostantivi in -ista, che spesso indicano una professione, hanno la stessa forma al singolare **maschile** e **femminile**: *il/la turista, barista, tassista, pessimista, regista*.
Al plurale i sostantivi **maschili** prendono la -i (*i turisti, baristi, tassisti, pessimisti, registi*) e i sostantivi **femminili** la -e (*le turiste, bariste, tassiste, pessimiste, registe*).

Sostantivi femminili in -i

Alcuni sostantivi femminili di origine greca finiscono in -i al singolare e al plurale:
la crisi → le crisi, l'analisi → le analisi, la tesi → le tesi, la sintesi → le sintesi, l'ipotesi → le ipotesi, la perifrasi → le perifrasi, l'enfasi → le enfasi.

Approfondimento grammaticale

Sostantivi invariabili (non cambiano al plurale)

- sostantivi con vocale finale accentata: *il caffè → i caffè, la città → le città, l'università → le università*
- sostantivi che finiscono per consonante: *lo sport → gli sport, il film → i film, il bar → i bar*
- sostantivi monosillabici: *il re → i re, lo sci → gli sci*
- sostantivi femminili che finiscono in -ie: *la serie → le serie, la specie → le specie**
- sostantivi che finiscono in -i: *la crisi → le crisi, l'analisi → le analisi, l'ipotesi → le ipotesi*
- i sostantivi abbreviati: *la foto(grafia) → le foto(grafie), l'auto(mobile) → le auto(mobili), la moto(cicletta) → le moto(ciclette), la bici(cletta) → le bici(clette), il cinema(tografo) → i cinema(tografi).*

* Eccezione: *la moglie → le mogli.*

Sostantivi maschili in -io

I sostantivi che finiscono in -io, se hanno la -i- non accentata, al plurale presentano una sola -i, se invece la -i- è accentata, al plurale presentano due -ii:

esempio	esempi	zio	zii
esercizio	esercizi		

Sostantivi e aggettivi maschili in -co e -go

Se l'accento cade sulla penultima sillaba, aggiungono una -h- al plurale; se invece l'accento cade sulla terzultima sillaba, non aggiungiamo nessuna -h-.

il fuoco	i fuochi	il medico	i medici
l'albergo	gli alberghi	l'asparago	gli asparagi
fresco (agg.)	freschi	fantastico (agg.)	fantastici

Eccezioni: *amico → amici, greco → greci*   Eccezioni: *incarico → incarichi, obbligo → obblighi*

Alcuni nomi presentano al plurale le due forme (-chi/-ci, -ghi/-gi):
chirurgo → chirurgi/chirurghi, stomaco → stomaci/stomachi.

Sostantivi maschili in -logo

I sostantivi che indicano cose hanno il plurale in -loghi mentre i sostantivi che indicano persone hanno il plurale in -logi.

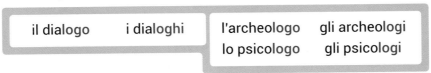

il dialogo	i dialoghi	l'archeologo	gli archeologi
		lo psicologo	gli psicologi

Sostantivi e aggettivi femminili in -ca e -ga

Tutti i sostantivi e gli aggettivi femminili che finiscono in -ca e -ga, al plurale prendono rispettivamente -che e -ghe.

amica simpatica	amiche simpatiche	collega belga	colleghe belghe

Sostantivi femminili in -cia e -gia

Se i gruppi -cia e -gia sono preceduti da una consonante, al plurale si trasformano rispettivamente in -ce e -ge. Se sono invece preceduti da una vocale o se la -i- è accentata, al plurale abbiamo rispettivamente -cie e -gie.

la pancia	le pance	la farmacia	le farmacie
la pioggia	le piogge	la valigia	le valigie*
		la ciliegia	le ciliegie*

* Ormai sono forme accettate anche *ciliege* e *valige*.

L'articolo determinativo

I sostantivi maschili che iniziano per	consonante	**il → i** *il libro → i libri*
	vocale	**l' → gli** *l'amico → gli amici*
	s + consonante, z, ps, pn, gn, y, x	**lo → gli** *lo zaino → gli zaini, lo psicologo → gli psicologi*

I sostantivi femminili che iniziano per	consonante	**la → le** *la ragazza → le ragazze*
	vocale	**l' → le** *l'amica → le amiche*

Il presente indicativo dei verbi *essere*, *avere* e *chiamarsi* (le prime tre persone)

	essere	avere	chiamarsi
io	sono	ho	mi chiamo
tu	sei	hai	ti chiami
lui/lei/Lei	è	ha	si chiama
noi	siamo	abbiamo	
voi	siete	avete	
loro	sono	hanno	

Nota: In italiano non è obbligatorio esprimere il pronome personale soggetto.

Unità 1

Il presente indicativo dei verbi regolari

I verbi italiani hanno tre coniugazioni:

	1ª coniugazione (-are)	2ª coniugazione (-ere)	3ª coniugazione (-ire)	
	lavorare	**prendere**	**aprire**	**finire**
io	lavoro	prendo	apro	finisco
tu	lavori	prendi	apri	finisci
lui/lei/Lei	lavora	prende	apre	finisce
noi	lavoriamo	prendiamo	apriamo	finiamo
voi	lavorate	prendete	aprite	finite
loro	lavorano	prendono	aprono	finiscono

Come *aprire*: dormire, offrire, partire, sentire ecc.

A molti verbi in -ire aggiungiamo -isc- tra la radice del verbo e le desinenze di io, tu, lui/lei/Lei e loro.

Come *finire*: capire, preferire, spedire, pulire ecc.

L'articolo indeterminativo

I **sostantivi maschili** che iniziano per	consonante e vocale	**un** *un libro, un amico**
	s + consonante, z, ps, pn, gn, y, x	**uno** *uno studente, uno zio, uno psicologo, uno yogurt*

* L'articolo indeterminativo un non prende mai l'apostrofo davanti ai sostantivi maschili.

I **sostantivi femminili** che iniziano per	consonante	**una** *una mela*
	vocale	**un'** *un'amica*

Aggettivi in -e

Gli aggettivi in -e hanno la stessa forma per il **maschile** e per il **femminile**:

il ragazzo gentile	i ragazzi gentili	la ragazza gentile	le ragazze gentili

La forma di cortesia

> In italiano è possibile dare del tu oppure dare del Lei a una persona. Con persone più grandi o che non conosciamo bene o per niente "diamo del Lei", usiamo quindi la terza persona singolare del verbo: - *Lei di dov'è?* - *Sono inglese e Lei?*

Unità 2

Particolarità dei verbi della 1ª coniugazione

a. I verbi che finiscono in -care e -gare prendono una -h- tra la radice del verbo e le desinenze di tu e noi: giocare → giochi, giochiamo; spiegare → spieghi, spieghiamo; pagare → paghi, paghiamo.

b. I verbi che finiscono in -ciare e -giare non raddoppiano la -i alle persone tu e noi: cominciare → cominci (e non comincii), cominciamo (e non cominciiamo); mangiare → mangi (e non mangii), mangiamo (e non mangiiamo).

	cominciare	mangiare	pagare
io	comincio	mangio	pago
tu	cominci	mangi	paghi
lui/lei/Lei	comincia	mangia	paga
noi	cominciamo	mangiamo	paghiamo
voi	cominciate	mangiate	pagate
loro	cominciano	mangiano	pagano

Verbi irregolari al presente indicativo

	andare	bere	dare	dire
io	vado	bevo	do	dico
tu	vai	bevi	dai	dici
lui/lei/Lei	va	beve	dà	dice
noi	andiamo	beviamo	diamo	diciamo
voi	andate	bevete	date	dite
loro	vanno	bevono	danno	dicono

	fare	morire	piacere	porre
io	faccio	muoio	piaccio	pongo
tu	fai	muori	piaci	poni
lui/lei/Lei	fa	muore	piace	pone
noi	facciamo	moriamo	piacciamo	poniamo
voi	fate	morite	piacete	ponete
loro	fanno	muoiono	piacciono	pongono

	rimanere	salire	sapere	scegliere
io	rimango	salgo	so	scelgo
tu	rimani	sali	sai	scegli
lui/lei/Lei	rimane	sale	sa	sceglie
noi	rimaniamo	saliamo	sappiamo	scegliamo
voi	rimanete	salite	sapete	scegliete
loro	rimangono	salgono	sanno	scelgono

	sedere	spegnere	stare	tenere
io	siedo	spengo	sto	tengo
tu	siedi	spegni	stai	tieni
lui/lei/Lei	siede	spegne	sta	tiene
noi	sediamo	spegniamo	stiamo	teniamo
voi	sedete	spegnete	state	tenete
loro	siedono	spengono	stanno	tengono

	tradurre	trarre	uscire	venire
io	traduco	traggo	esco	vengo
tu	traduci	trai	esci	vieni
lui/lei/Lei	traduce	trae	esce	viene
noi	traduciamo	traiamo	usciamo	veniamo
voi	traducete	traete	uscite	venite
loro	traducono	traggono	escono	vengono

Come *porre*: proporre, esporre ecc.

Come *scegliere*: togliere, cogliere, raccogliere ecc.

Come *tenere*: mantenere, ritenere ecc.

Come *tradurre*: produrre, ridurre ecc.

Come *trarre*: distrarre, attrarre ecc.

I verbi modali (potere, volere, dovere)

	potere	volere	dovere	
io	posso	voglio	devo	
tu	puoi	vuoi	devi	
lui/lei/Lei	può	vuole	deve	**+ infinito**
noi	possiamo	vogliamo	dobbiamo	
voi	potete	volete	dovete	
loro	possono	vogliono	devono	

I numeri cardinali 1 - 2.000

1 uno	**14** quattordici	**27** ventisette	**200** duecento
2 due	**15** quindici	**28** ventotto	**300** trecento
3 tre	**16** sedici	**29** ventinove	**400** quattrocento
4 quattro	**17** diciassette	**30** trenta	**500** cinquecento
5 cinque	**18** diciotto	**31** trentuno	**600** seicento
6 sei	**19** diciannove	**40** quaranta	**700** settecento
7 sette	**20** venti	**50** cinquanta	**800** ottocento
8 otto	**21** ventuno	**60** sessanta	**900** novecento
9 nove	**22** ventidue	**70** settanta	**1.000** mille
10 dieci	**23** ventitré	**80** ottanta	**1.600** milleseicento
11 undici	**24** ventiquattro	**90** novanta	**2.000** duemila
12 dodici	**25** venticinque	**100** cento	
13 tredici	**26** ventisei	**101** centouno	

I numeri ordinali 1° - 25°

1° primo	**8°** ottavo	**14°** quattordicesimo	**20°** ventesimo
2° secondo	**9°** nono	**15°** quindicesimo	**21°** ventunesimo
3° terzo	**10°** decimo	**16°** sedicesimo	**22°** ventiduesimo
4° quarto	**11°** undicesimo*	**17°** diciassettesimo	**23°** ventitreesimo
5° quinto	**12°** dodicesimo	**18°** diciottesimo	**24°** ventiquattresimo
6° sesto	**13°** tredicesimo	**19°** diciannovesimo	**25°** venticinquesimo
7° settimo			

* Dall'11° in poi aggiungiamo -esimo al numero senza l'ultima vocale: *undici* + *esimo* = *undicesimo*.

Le preposizioni semplici (*di, a, da, in, con, su, per, tra/fra*)

	possesso	*Questo è il libro di Gianni.*
	provenienza	*Dante Alighieri è di Firenze.*
	quando accade qualcosa	*Preferisco studiare di sera.* *D'inverno* torno a casa presto.*
	l'argomento, il tema	*I ragazzi parlano di calcio.* *Ragazzi, prendete il libro di Storia.*
Usiamo **DI** per esprimere	il materiale	*È molto bella questa maglietta di cotone.*
	il contenuto	*Vuoi un bicchiere d'acqua?*
	il secondo termine di paragone	*Fabio è più alto di Jessica.*
	il partitivo	*Uno di noi deve parlare con Carla.*
	l'età	*Luca è un ragazzo di 15 anni.*
	la causa	*Piange di gioia.*

* Quando di si trova davanti a un'altra vocale può prendere l'apostrofo.

Usiamo **A** per esprimere	il complemento indiretto	*Mando un sms ad Andrea*.*
	il complemento di luogo	*Abito a Rho, ma tutti i giorni vengo a Milano. / Torno a casa presto.*
	quando, a quale età facciamo qualcosa	*I ragazzi italiani possono guidare il motorino a 14 anni.*
	a che ora succede qualcosa	*Ci vediamo domani a mezzogiorno.*
	una qualità o caratteristica	*Compro una gonna a fiori.*
Usiamo **A**	con i mesi	*La scuola finisce a giugno.*

* Quando a si trova davanti a un parola che inizia per a può prendere una d.

Usiamo **DA** per esprimere	la provenienza	*Vengo da Napoli.*
	il tempo passato dall'inizio di un'azione	*Studio l'italiano da due anni. Non vedo Maria da una settimana.*
	un periodo di tempo ben definito	*Il museo resta chiuso da febbraio a maggio.*
	il complemento di luogo con i nomi di persona o i pronomi	*Domani andiamo tutti da Franco.*
	il moto da luogo	*Esco da scuola.*
	l'uso, lo scopo	*Ti piacciono le mie nuove scarpe da ginnastica?*
	il complemento d'agente	*Questa è la pizza preparata da Francesca.*

Usiamo **IN** con	i mezzi di trasporto	*Vengo a scuola in bicicletta.*
	i mesi	*La scuola inizia in settembre.*
	le stagioni	*Di solito in primavera facciamo una gita in montagna.*
Usiamo **IN** per esprimere	il complemento di luogo	*Quest'estate andiamo in Sardegna. Mia sorella lavora in centro.*
	il materiale	*Voglio comprare una borsa in pelle.*
	il tempo impiegato per fare qualcosa	*Finisco gli esercizi in 10 minuti.*

| Usiamo **CON** per esprimere | con chi o con che cosa facciamo qualcosa | *Vado a Firenze con Elisabetta. Vengo con voi.* |
| | il modo | *Gli studenti seguono la lezione con attenzione.* |

Usiamo **SU** per indicare	l'argomento, il tema	*Facciamo una ricerca su Dante Alighieri.*
	sopra cosa si trova qualcuno o qualcosa	*Il gatto dorme sempre su una sedia in cucina.*

Usiamo **PER** per indicare	la destinazione di un viaggio	*Marta parte per Roma.*
	il passaggio attraverso qualcosa	*Il treno passa anche per Bologna.*
	per chi facciamo qualcosa	*Compro un regalo per Giulia.*
Usiamo **PER** per esprimere	la durata dell'azione (anche senza *per*)	*La domenica studio sempre (per) tre ore.*
	entro quando faremo qualcosa	*Finisco tutto per domani.*
	lo scopo, il motivo	*Sono a Roma per motivi di lavoro/ per studiare.*

Usiamo **TRA/FRA** per indicare	il tempo che manca prima di un'azione	*La lezione finisce fra quindici minuti.*
	in mezzo a cosa si trova qualcuno o qualcosa	*Roma è tra Firenze e Napoli.*
	la relazione tra persone	*Tra Filippo e Giorgio c'è un bellissimo rapporto.*

A o IN?

Quando dobbiamo usare **a** e quando **in**?

A	IN
a Roma, a Capri, a Cuba (*con le città e le isole*)	in Italia, in America, in Sicilia (*con stati, continenti, regioni*)
a casa	in centro
a scuola	in ufficio
a teatro	in montagna, in campagna
a letto	in banca
a studiare (*quando precede un verbo all'infinito*)	in città
	in farmacia, in via (*con i nomi che finiscono in -ia*)
	in biblioteca (*con i nomi che finiscono in -teca*)
A	**IN**
a pranzo, a cena	in vacanza
a piedi (andare... *vuol dire che non uso i mezzi di trasporto*)	in piedi (stare... *vuol dire che non sono seduto*)

I giorni della settimana

lunedì (*il*), martedì (*il*), mercoledì (*il*), giovedì (*il*), venerdì (*il*), sabato (*il*), domenica (*la*)

Unità 3

Preposizioni articolate (preposizione semplice + articolo determinativo)

	+ il	+ lo	+ l'	+ la	+ i	+ gli	+ le
di	del	dello	dell'	della	dei	degli	delle
a	al	allo	all'	alla	ai	agli	alle
da	dal	dallo	dall'	dalla	dai	dagli	dalle
in	nel	nello	nell'	nella	nei	negli	nelle
con	con il (col)	con lo	con l'	con la	con i (coi)	con gli	con le
su	sul	sullo	sull'	sulla	sui	sugli	sulle
per	per il	per lo	per l'	per la	per i	per gli	per le
tra/fra	tra/fra il	tra/fra lo	tra/fra l'	tra/fra la	tra/fra i	tra/fra gli	tra/fra le

Preposizione semplice o articolata?

Per indicare un luogo generico si usa la preposizione semplice, mentre per luoghi determinati si usa la preposizione articolata. Alcuni esempi sono:

Semplice	Articolata	
a scuola	alla scuola americana	
in Italia	nell'Italia del Nord	
in biblioteca	alla/nella biblioteca della scuola*	
in aereo, in macchina	con l'aereo delle 8*	
di sport	dello sport italiano	quando
in ufficio	nell'ufficio del direttore	specifichiamo
in chiesa	nella Chiesa di Santa Maria Maggiore	
in banca	alla Banca Commerciale*	
a mezzogiorno, a mezzanotte	alle 2 (*con le ore al plurale*)	
da mezzogiorno	dalle 2 (*con le ore al plurale*)	
a Maria, da Fabio	al professore, dal dottore (*con i nomi comuni*)	
di Lucia (*con i nomi di persona*)	del ragazzo (*con i nomi comuni*)	
per Roma (*con le città e le isole*)	per l'Italia (*con stati, continenti, regioni*)	
da due anni	dal 2016 (*con l'anno*)	
sono/vado in vacanza	parto per le vacanze*	
a teatro/casa/scuola	al cinema/bar/ristorante	
in Francia	negli Stati Uniti (*con i nomi di stati, regioni al plurale*)	

* A volte può cambiare anche la preposizione.

Il partitivo

L'articolo partitivo si forma come una preposizione articolata: **di** + articolo determinativo.

	maschile	femminile		Il partitivo indica una quantità non precisata di qualcosa: *Vuoi dello zucchero?* (= *Vuoi un po' di zucchero?*)
singolare	del pane dello zucchero dell'olio	della pasta dell'insalata	*un po' di*	
plurale	dei ragazzi degli studenti degli amici	delle ragazze/ delle amiche	*alcuni/ alcune*	*Vado a Roma da degli amici.* (= *Vado a Roma da alcuni amici.*)

C'è - Ci sono

Usiamo c'è (singolare) e ci sono (plurale) per:

- indicare che oggetti o persone sono in un determinato luogo: *In piazza c'è una farmacia.* / *Sul divano ci sono i cuscini.*
- indicare eventi che stanno accadendo o devono accadere: *Sabato c'è la festa di Giulia.*

I possessivi (mio/a, tuo/a, suo/a)

- I possessivi esprimono il rapporto di proprietà tra una persona e un oggetto o quello di relazione tra persone o fra persone e cose: *Questa è la mia borsa.* / *Luana è la tua nuova compagna di banco.* / *Amo molto il mio Paese.*
- I possessivi concordano nel genere (maschile o femminile) e nel numero (singolare o plurale) con l'oggetto che accompagnano o sostituiscono: *il libro di Maria* → *il suo libro* / *la macchina di Luca* → *la sua macchina.*
- Gli aggettivi possessivi di solito vanno prima del nome e vogliono l'articolo: *il mio libro* / *il suo quaderno.* Con la parola *casa* vanno dopo, senza l'articolo: *Venite a casa mia domani pomeriggio?*
- Usiamo i pronomi possessivi sempre da soli perché sostituiscono un nome: *La casa di Mina è grande, la mia è piccola.*
- I pronomi possessivi di solito non prendono l'articolo quando seguono il verbo *essere*: - *Questo telefonino è tuo?* - *No, non è mio, è suo.*

I mesi dell'anno

I mesi dell'anno si scrivono sempre con la lettera minuscola. Sono:
gennaio, febbraio, marzo, aprile, maggio, giugno, luglio, agosto, settembre, ottobre, novembre, dicembre.

Le stagioni dell'anno

la primavera, l'estate (*f.*), l'autunno, l'inverno

I numeri cardinali 2.000 - 5.000.000

2.000	duemila	505.000	cinquecentocinquemila
2.500	duemilacinquecento	887.000	ottocentoottantasettemila
6.408	seimilaquattrocentootto	1.000.000	un milione
9.710	novemilasettecentodieci	1.600.000	un milione seicentomila
10.500	diecimilacinquecento	4.300.000	quattro milioni trecentomila
52.803	cinquantaduemilaottocentotré	5.000.000	cinque milioni

Unità 4

Passato prossimo

- Il passato prossimo indica un'azione del passato conclusa, finita: *Ieri ho mangiato un panino.* / *Ieri siamo andati al cinema.*

  Il passato prossimo si forma:

presente del verbo avere o essere + **participio passato**	Verbi in -*are* → -**ato**: parlare → parlato Verbi in -*ere* → -**uto**: credere → creduto Verbi in -*ire* → -**ito**: finire → finito

- Il participio passato dei verbi che prendono essere concorda in genere e numero con il soggetto (come un aggettivo in -o) mentre il participio passato dei verbi che prendono avere non cambia:

	avere + participio passato	essere + participio passato
io	ho studiato	sono andato/a
tu	hai studiato	sei andato/a
lui/lei/Lei	ha studiato	è andato/a
noi	abbiamo studiato	siamo andati/e
voi	avete studiato	siete andati/e
loro	hanno studiato	sono andati/e

Ausiliare *essere* o *avere*?

Usiamo l'ausiliare essere con:

- il verbo essere;
- molti verbi di movimento: *andare, venire, tornare, uscire, partire, arrivare*;
- i verbi di stato in luogo: *stare, rimanere, restare*;
- molti verbi intransitivi (che non hanno un complemento oggetto, ma solo un complemento indiretto): *piacere, diventare, nascere, morire, sembrare, succedere, accadere*;
- i verbi riflessivi: *lavarsi, vestirsi, svegliarsi*.

Usiamo l'ausiliare avere con:

- il verbo avere;
- i verbi transitivi (che hanno un complemento oggetto e che rispondono alla domanda *chi? che cosa?*): *fare* (colazione), *mangiare* (un panino), *finire* (un esercizio), *chiamare* (un'amica);
- alcuni verbi intransitivi: *dormire, viaggiare, camminare, passeggiare, piangere, ridere.*

Usiamo l'ausiliare essere o avere con:

- i verbi atmosferici: *piovere, nevicare.* È uguale se diciamo *è piovuto* oppure *ha piovuto*;
- i verbi (*cambiare, inziare, cominciare, finire, passare, salire, scendere, correre* ecc.) che possono essere sia transitivi [esempi **a**] sia intransitivi [esempi **b**]:
  a. *Giulia ha cambiato un'altra volta cellulare.* Cosa ha cambiato Giulia? Il cellulare: "il cellulare" è il complemento oggetto di *cambiare* che qui è un verbo transitivo;
  b. *Giulia è cambiata molto ultimamente.* Qui *cambiare* è un verbo intransitivo perché manca il complemento oggetto, abbiamo infatti solo il soggetto, Giulia: è lei ad essere diversa da prima;
  a. *I ragazzi hanno finito tutti i compiti.* Cosa hanno finito i ragazzi? Tutti i compiti: "tutti i compiti" è il complemento oggetto di *finire* che qui è un verbo transitivo;
  b. *Il film è finito.* Qui *finire* è un verbo intransitivo perché manca il complemento oggetto, abbiamo infatti solo il soggetto: è il film ad essere finito.

Participi passati irregolari

Infinito	Participio passato	Infinito	Participio passato
accendere	(ha) acceso	discutere	(ha) discusso
ammettere	(ha) ammesso	distinguere	(ha) distinto
appendere	(ha) appeso	distruggere	(ha) distrutto
aprire	(ha) aperto	dividere	(ha) diviso
bere	(ha) bevuto	escludere	(ha) escluso
chiedere	(ha) chiesto	esistere	(è) esistito
chiudere	(ha) chiuso	esplodere	(è/ha) esploso
concedere	(ha) concesso	esprimere	(ha) espresso
concludere	(ha) concluso	essere	(è) stato
conoscere*	(ha) conosciuto	fare	(ha) fatto
correggere	(ha) corretto	giungere	(è) giunto
correre	(è/ha) corso	insistere	(ha) insistito
crescere*	(è/ha) cresciuto	leggere	(ha) letto
decidere	(ha) deciso	mettere	(ha) messo
deludere	(ha) deluso	morire	(è) morto
difendere	(ha) difeso	muovere	(ha) mosso
dipendere	(è) dipeso	nascere	(è) nato
dire	(ha) detto	nascondere	(ha) nascosto
dirigere	(ha) diretto	offendere	(ha) offeso

Infinito	Participio passato	Infinito	Participio passato
offrire	(ha) offerto	scendere	(è/ha) sceso
perdere	(ha) perso/perduto	scrivere	(ha) scritto
permettere	(ha) permesso	soffrire	(ha) sofferto
piacere*	(è) piaciuto	spendere	(ha) speso
piangere	(ha) pianto	spegnere	(ha) spento
prendere	(ha) preso	spingere	(ha) spinto
promettere	(ha) promesso	succedere	(è) successo
proporre	(ha) proposto	tradurre	(ha) tradotto
ridere	(ha) riso	trarre	(ha) tratto
rimanere	(è) rimasto	uccidere	(ha) ucciso
risolvere	(ha) risolto	vedere	(ha) visto/veduto
rispondere	(ha) risposto	venire	(è) venuto
rompere	(ha) rotto	vincere	(ha) vinto
scegliere	(ha) scelto	vivere	(è/ha) vissuto

* I verbi in -cere e -scere prendono una -i- prima di -uto.

Ci (avverbio)

Usiamo ci (avverbio) per sostituire un luogo e significa qui, lì:

- *Vai spesso in Italia? - Sì, ci vado ogni mese.* (= lì, in Italia)
Bello questo parco, ci resto volentieri ancora un po'. (= qui, nel parco)

Avverbi con il passato prossimo

Di solito gli avverbi sempre, già, appena, mai, ancora e più vanno tra l'ausiliare e il participio passato:

> *Paolo è sempre stato molto gentile con me.*
> *Federica, hai già finito di lavorare?*
> *I ragazzi sono appena usciti dal cinema.*
> *Tiziana non è mai stata a Parigi.*
> *Il professore d'inglese non è ancora arrivato.*
> *Francesco non ha più chiamato Marcella.*

I verbi modali (dovere, volere, potere) al passato prossimo

- Quando usiamo dovere, potere e volere da soli l'ausiliare è sempre avere:
  - *Sei andato alla festa di Giulia? - No, non ho potuto.*

- Scegliamo l'ausiliare in base al verbo all'infinito che segue dovere, potere e volere:
  Non ho potuto studiare ieri. (studiare vuole avere)
  Carla non è voluta venire con noi. (venire vuole essere)*

* Ormai è accettato anche l'uso di avere: *Martina non ha voluto venire con noi.* Quando usiamo l'ausiliare essere naturalmente è necessario l'accordo del participio passato di dovere, potere e volere con il soggetto.

Unità 5

Futuro semplice

	1ª coniugazione (-are)	2ª coniugazione (-ere)	3ª coniugazione (-ire)
	tornare	**prendere**	**partire**
io	tornerò	prenderò	partirò
tu	tornerai	prenderai	partirai
lui/lei/Lei	tornerà	prenderà	partirà
noi	torneremo	prenderemo	partiremo
voi	tornerete	prenderete	partirete
loro	torneranno	prenderanno	partiranno

Nota: Come possiamo osservare nella tabella, la coniugazione dei verbi in -are è uguale alla coniugazione dei verbi in -ere.

Particolarità dei verbi della 1ª coniugazione:

a. I verbi che finiscono in -care e -gare prendono una -h- tra la radice del verbo e le desinenze del futuro: cercare → cercherò, cercherai, cercherà, cercheremo, cercherete, cercheranno; spiegare → spiegherò, spiegherai, spiegherà, spiegheremo, spiegherete, spiegheranno.

b. I verbi che finiscono in -ciare e -giare perdono la -i- tra la radice del verbo e le desinenze del futuro: cominciare → comincerò, comincerai, comincerà, cominceremo, comincerete, cominceranno; mangiare → mangerò, mangerai, mangerà, mangeremo, mangerete, mangeranno.

Verbi irregolari al futuro semplice

Infinito	Futuro	Infinito	Futuro	Infinito	Futuro
essere	sarò	sapere	saprò	tenere	terrò
avere	avrò	vedere	vedrò	trarre	trarrò
stare	starò	vivere	vivrò	spiegare	spiegherò
dare	darò	volere	vorrò	pagare	pagherò
fare	farò	rimanere	rimarrò	cercare	cercherò
andare	andrò	bere	berrò	dimenticare	dimenticherò
cadere	cadrò	porre	porrò	mangiare	mangerò
dovere	dovrò	venire	verrò	cominciare	comincerò
potere	potrò	tradurre	tradurrò		

Uso del futuro semplice

Usiamo il futuro semplice per indicare un'azione che deve ancora succedere rispetto a quando parliamo o scriviamo: *Ragazzi quest'anno organizzeremo un viaggio in Svezia.*

Usiamo il futuro semplice per esprimere:
• un progetto futuro: *I miei andranno in vacanza a settembre.*

- una previsione: *Domenica non pioverà.*
- un'ipotesi: *Che ora è? Sarà già mezzogiorno? / Il padre di Chiara avrà più o meno quarant'anni.*
- una promessa: *Oggi non mangerò neppure un gelato!*
- un'incertezza, un dubbio: *Non credo che tornerete per le 5.*
- un ordine: *Quando entrerà il preside saluterete tutti!*
- un periodo ipotetico: *Se verrai/vieni anche tu in viaggio con noi, ci divertiremo sicuramente.*

Futuro composto

> ausiliare essere o avere al futuro semplice **+** **participio passato** del verbo

Usiamo il futuro composto per esprimere:
- un'azione futura che accade prima di un'altra azione futura, che esprimiamo con il futuro semplice. In questo caso, usiamo il futuro composto sempre dopo le congiunzioni temporali quando, dopo che, appena, non appena:
  Uscirete solo dopo che avrete finito i compiti. / Appena sarà finita la partita, andremo tutti a mangiare qualcosa.*
    * Nella lingua parlata, il futuro composto è spesso sostituito dal futuro semplice: *Uscirete solo dopo che finirete i compiti. / Appena finirà la partita andremo tutti a mangiare qualcosa.*
- un'incertezza, un dubbio al passato: *Perché non avranno risposto al nostro invito?*
- una possibilità, un'ipotesi: *Cosa dite, ragazzi, Stefania e Giulia avranno perso anche questa volta il treno?*

Unità 6

I possessivi

	maschile singolare	maschile plurale	femminile singolare	femminile plurale
io	(il) mio	(i) miei	(la) mia	(le) mie
tu	(il) tuo	(i) tuoi	(la) tua	(le) tue
lui	(il) suo	(i) suoi	(la) sua	(le) sue
lei	(il) suo	(i) suoi	(la) sua	(le) sue
Lei	(il) Suo	(i) Suoi	(la) Sua	(le) Sue
noi	(il) nostro	(i) nostri	(la) nostra	(le) nostre
voi	(il) vostro	(i) vostri	(la) vostra	(le) vostre
loro	(il) loro	(i) loro	(la) loro	(le) loro

- I possessivi esprimono il rapporto di proprietà tra una persona e un oggetto o quello di relazione tra persone o fra persone e cose: *Questi sono i nostri libri. / Roberta è la vostra nuova compagna di classe.*
- I possessivi concordano nel genere (maschile o femminile) e nel numero (singolare o plurale) con l'oggetto che accompagnano o sostituiscono, tranne loro che è invariabile: *i libri di Maria → i suoi libri / le amiche di Paolo → le sue amiche / la loro professoressa, il loro professore.*
- Gli aggettivi possessivi di solito vanno prima del nome e vogliono l'articolo: *i loro libri / i vostri quaderni.* Con la parola *casa* vanno dopo: *Ci vediamo sotto casa vostra?*

- Usiamo i pronomi possessivi sempre da soli perché sostituiscono un nome:
  La casa dei signori Bianchi è grande, la nostra è piccola.
- I pronomi possessivi di solito non prendono l'articolo quando seguono il verbo *essere*:
  - Queste penne sono vostre? - No, non sono nostre.

Gli aggettivi possessivi con i nomi di parentela

Al **singolare** non prendono l'articolo: *mia sorella, suo marito, tua moglie, nostra figlia, vostra cugina, sua zia, mio nonno, mia madre, suo padre, tuo fratello, nostro nipote, tua nipote.*	Al **plurale** prendono l'articolo: *le mie sorelle, le nostre figlie, le vostre cugine, i miei zii, le sue zie, le nostre nonne, i miei nonni, i tuoi fratelli, i nostri nipoti, le tue nipoti.*

Attenzione: L'aggettivo possessivo loro prende sempre l'articolo: *i loro mariti, le loro mogli, la loro figlia/le loro figlie, la loro cugina/le loro cugine, il loro zio/i loro zii, la loro madre, il loro padre, il loro fratello/i loro fratelli, la loro nipote/le loro nipoti.*

Ma gli aggettivi possessivi prendono l'articolo anche al singolare:

a. quando i nomi di parentela sono accompagnati da un aggettivo o da un complemento che li caratterizza (*la mia dolce nipote, il nostro fratello maggiore, la mia zia preferita*);

b. con i nomi affettivi *mamma, babbo, papà, figliolo/a* (*la mia mamma, il tuo babbo, il suo papà, il/la nostro/a figliolo/a*);

c. con i nomi di parentela alterati (*la tua sorellina, il nostro nipotino, il mio fratellone*).

Vorrei

Vorrei è la prima persona singolare del verbo volere al condizionale presente.
Usiamo vorrei per chiedere qualcosa in modo gentile: *Vorrei un bicchiere d'acqua, per favore.*

Mi piace e mi piacciono

Usiamo il verbo piacere soprattutto:

- alla terza persona singolare, mi piace, con i sostantivi al singolare (*mi piace la pasta*) e i verbi all'infinito (*mi piace giocare a calcio*);
- alla terza persona plurale, mi piacciono, con i sostantivi al plurale: *mi piacciono i dolci.*

Volerci

- Volerci indica quanto tempo è necessario in genere per fare qualcosa. Usiamo la terza persona singolare ci vuole quando l'espressione di tempo è al singolare; usiamo la terza persona plurale ci vogliono quando l'espressione di tempo è al plurale:
  - Quanto tempo ci vuole per andare da casa tua alla stazione?
  - Ci vuole circa mezz'ora. / - Ci vogliono circa trenta minuti.
- Volerci ha anche il significato di "è necessario qualcosa":
  - Per andare in Spagna ci vuole il passaporto? - No, non ci vuole. Basta la carta d'identità.
  Per fare l'iscrizione a scuola ci vogliono alcuni documenti.

Metterci

Metterci indica quanto tempo è necessario a una persona per fare qualcosa. Coniughiamo il verbo al presente indicativo: *io ci metto, tu ci metti, lui/lei/Lei ci mette, noi ci mettiamo, voi ci mettete, loro*

ci mettono. Come vedete, si tratta del verbo mettere preceduto da ci a tutte le persone.
Vediamo alcuni esempi:
- *Quanto tempo ci metti per andare da casa tua a scuola? - Non ci metto molto, dieci minuti.*
- *Ma quanto tempo ci ha messo tua sorella a vestirsi? - Di solito ci mette anche di più.*

Quello e bello

Gli aggettivi quello e bello cambiano a seconda del nome che segue e si declinano come gli articoli determinativi maschili:

> *il ristorante* → *quel/bel ristorante* → *quei/bei ristoranti*
> *lo spettacolo* → *quello/bello spettacolo* → *quegli/begli spettacoli*
> *l'uomo* → *quell'/bell'uomo* → *quegli/begli uomini*

Nota: Quello e bello non cambiano quando si trovano dopo il nome o sono pronomi: *È un uomo bello.*

Unità 7

Imperfetto indicativo

	1ª coniugazione (-are)	2ª coniugazione (-ere)	3ª coniugazione (-ire)
	parlare	**leggere**	**dormire**
io	parlavo	leggevo	dormivo
tu	parlavi	leggevi	dormivi
lui/lei/Lei	parlava	leggeva	dormiva
noi	parlavamo	leggevamo	dormivamo
voi	parlavate	leggevate	dormivate
loro	parlavano	leggevano	dormivano

Usiamo l'imperfetto indicativo per esprimere un'azione passata non conclusa e che dura nel tempo.

Usiamo l'imperfetto indicativo	• nelle descrizioni: *Vent'anni fa nella nostra città c'era molto più verde.*
	• per esprimere un'azione passata che si ripete abitualmente: *Ogni domenica Carlo andava al cinema o a teatro.*
	• per indicare due o più azioni contemporanee nel passato: *Giulia studiava e ascoltava la radio. / Giulia studiava e sua sorella guardava la TV.*
	• per chiedere qualcosa in modo gentile: *Volevo una pizza margherita.* In questo caso, nella lingua parlata, usiamo l'imperfetto al posto del condizionale (*Vorrei due pizze ...*).
	• nel linguaggio giornalistico, nei racconti, nelle fiabe: *C'era una volta un burattino di nome Pinocchio... / Ieri, all'incontro tra i paesi europei partecipava anche...*

essere	bere	dire	fare	porre	tradurre	trarre
ero	bevevo	dicevo	facevo	ponevo	traducevo	traevo
eri	bevevi	dicevi	facevi	ponevi	traducevi	traevi
era	beveva	diceva	faceva	poneva	traduceva	traeva
eravamo	bevevamo	dicevamo	facevamo	ponevamo	traducevamo	traevamo
eravate	bevevate	dicevate	facevate	ponevate	traducevate	traevate
erano	bevevano	dicevano	facevano	ponevano	traducevano	traevano

Uso dell'imperfetto e del passato prossimo (e differenze con i verbi modali *potere, volere, dovere*)

Per esprimere azioni passate:

a. usiamo l'**imperfetto** per descrivere abitudini o qualità di una persona o di un oggetto (*Da bambina ero molto tranquilla*) o per descrivere due azioni contemporanee (*Mentre camminava, parlava al telefono*).

Usiamo i verbi modali all'imperfetto (*Luigi doveva andare dal dentista*) per descrivere un'**azione incompleta, incerta** (= Luigi è andato o non è andato dal dentista?).

b. usiamo il **passato prossimo** per indicare azioni concluse (*Ieri, Giulia ha chattato fino a mezzanotte*), azioni concluse e successive (*Prima ho mangiato e poi ho guardato la TV*) o per indicare un'azione che ne interrompe un'altra (*Mentre camminavo, ho incontrato Dino*).

Usiamo i verbi modali al passato prossimo (*Luigi è dovuto andare dal dentista*) per descrivere un'**azione completa**, che esprime chiaramente cosa è successo (= Luigi è andato sicuramente dal dentista).

Trapassato prossimo

ausiliare essere o avere all'imperfetto **+** **participio passato** del verbo

Usiamo il trapassato prossimo per esprimere un'azione passata che accade prima di un'altra azione passata, che esprimiamo con il passato prossimo o l'imperfetto:

Francesca ha detto che l'anno scorso non era andata in vacanza. / Mio nonno parlava sempre dei viaggi che aveva fatto.

Unità 8

Pronomi diretti

Il pronome sostituisce sempre un nome di qualcuno o di qualcosa, una persona, un animale o una cosa.

Il pronome personale diretto (che risponde alla domanda *chi? che cosa?*) sostituisce un oggetto diretto (diretto nel senso che non è preceduto da preposizione):

Leggo il giornale (verbo + nome, oggetto diretto). = Lo (pronome diretto + verbo) leggo.

Il pronome diretto ha due forme: una forma atona e una forma tonica.

forma atona	forma tonica
mi	me
ti	te
lo, la, La	lui, lei, Lei
ci	noi
vi	voi
li, le	loro

Quando usiamo la forma atona, il pronome diretto va sempre prima del verbo (pronome + verbo): *Carlo mi saluta ogni volta che mi vede.*	Quando usiamo la forma tonica, il pronome diretto va sempre dopo il verbo (verbo + pronome): *Carlo saluta me ogni volta che ci vede.*

- Quando abbiamo la forma di cortesia usiamo sempre il pronome diretto alla 3ª persona singolare (*La/Lei*): *Signora, La posso aiutare?*
- Quando vogliamo dare enfasi, usiamo sia l'oggetto che il pronome diretto: *Sergio le mele verdi non le mangia.*
- Il pronome diretto *lo* seguito dal verbo *sapere* può sostituire un'intera frase: *- A che ora comincia la partita? - Non lo so (lo = a che ora comincia la partita). / - Quest'anno la nostra scuola organizza delle lezioni di educazione ambientale. - Sì, l'ho saputo e mi sembra un'ottima idea (l'= che la nostra scuola organizza delle lezioni di educazione ambientale). / - Sapevi che Flavia era partita? - No, non lo sapevo (lo = che Flavia era partita).*

Il pronome partitivo *ne*

Usiamo il pronome partitivo *ne* per indicare una parte di un tutto:
- La mangi tutta la pizza? - No, ne mangio solo un pezzo (ne = di tutta la pizza).

Usiamo i pronomi diretti *lo, la, li, le* per indicare la totalità: *- La mangi tutta la pizza? - Sì, la mangio tutta (la = la pizza). / - Hai mangiato tu i cioccolatini che erano sul tavolino? - Sì, li ho mangiati io (li = tutti i cioccolatini).*

Al passato prossimo, e in tutti i tempi composti, con il pronome *ne* è obbligatorio l'accordo del participio passato: *- Vuoi un caffè? - No, grazie, ne ho già bevuti due. / La torta era buonissima, ne ho mangiate due fette. / - Mamma, hai comprato le mele? - Sì, ne ho comprati due chili.*

Pronomi diretti nei tempi composti

Al passato prossimo, e in tutti i tempi composti, l'accordo con il participio passato è:

obbligatorio con i pronomi diretti di forma atona lo, la, li, le.	**facoltativo** con i pronomi diretti di forma atona mi, ti, ci, vi.
- Hai visto l'ultimo film di Moretti? - Sì, l'ho visto. *- Dove hai comprato questa camicetta? - L'ho comprata a Roma.* *Avete visto i ragazzi, per caso? - Sì, li abbiamo incontrati ieri al bar.* *- Hai visto le mie chiavi di casa? - Le ho messe accanto al telefono.*	*- Giulia, come sei andata alla stazione? - Mi ha accompagnato/a mia madre.* *Chiara, chi ti ha accompagnato/a?* *Lo so che ci avete aspettato/i per un'ora, ma non siamo riusciti a venire prima.* *Ragazze, vi ho già invitato/e alla mia festa?*

Nota: I pronomi diretti lo e la prendono l'apostrofo prima del verbo avere (*ho, hai, ha, abbiamo, avete, hanno*) e, di solito, prima di un verbo che inizia per vocale:
- *Avete preso la chitarra? - Sì, l'ho presa io. / - Hai ascoltato l'ultima canzone di Vasco? - L'ascolto proprio ora.*

Conoscere e *sapere*

a. Usiamo *conoscere* e *sapere* all'**imperfetto** quando vogliamo dire che conoscevamo già qualcuno (*Questa sera, alla festa, Luca mi ha presentato Franco e Giulia che conoscevo già*) o qualcosa (*- Lo sapevi che da giovane il padre di Carlo faceva il cantante? - Sì, lo sapevo*).

b. Usiamo *conoscere* e *sapere* al **passato prossimo** quando vogliamo dire che abbiamo conosciuto qualcuno per la prima volta (*Stefania, l'ho conosciuta alla festa di Carla*) o conosciamo qualcosa grazie a qualcun altro (*- Hai saputo che hanno aperto un nuovo centro commerciale un po' fuori città? - Sì, l'ho saputo da mia madre*).

Pronomi diretti con i verbi modali e i verbi fraseologici

Con i verbi modali (dovere, volere, potere) e i verbi fraseologici (cominciare a, finire di, sapere, stare per), seguiti sempre da un infinito, i pronomi diretti di forma atona (mi, ti, lo, la, La, ci, vi, li, le) possono andare sia prima del verbo sia dopo l'infinito:
Questa gonna è troppo cara, non la posso comprare. = Questa gonna è troppo cara, non posso comprarla.
La cena non è pronta! La comincio a preparare subito. = La cena non è pronta! Comincio a prepararla subito.

Unità 9

Verbi riflessivi e reciproci al presente indicativo

Il verbo alla forma riflessiva descrive un'azione che si riflette, "ritorna" sul soggetto. Quindi, nella frase con un verbo riflessivo il soggetto e l'oggetto sono la stessa persona: *Maria si lava. = Maria lava se stessa.*

	1ª coniugazione (-arsi)	2ª coniugazione (-ersi)	3ª coniugazione (-irsi)
	alzarsi	**ved**ersi	**divert**irsi
io	mi alzo	mi vedo	mi diverto
tu	ti alzi	ti vedi	ti diverti
lui/lei/Lei	si alza	si vede	si diverte
noi	ci alziamo	ci vediamo	ci divertiamo
voi	vi alzate	vi vedete	vi divertite
loro	si alzano	si vedono	si divertono

Coniughiamo i verbi riflessivi come tutti gli altri verbi, soltanto che prima del verbo mettiamo il pronome riflessivo (mi, ti, si, ci, vi, si). Solo all'imperativo diretto, all'infinito, al gerundio e al participio passato il pronome segue il verbo.

I verbi riflessivi reciproci descrivono un'azione reciproca che si svolge tra due o più persone: *Andrea e Alessia si amano. = Andrea ama Alessia e Alessia ama Andrea.*

Verbi riflessivi nei tempi composti

Per formare il tempo composto di un verbo riflessivo usiamo sempre l'ausiliare essere:
Ieri, Alberto si è alzato tardi. / Ieri, Chiara si è alzata tardi. / Ieri, Alberto e Chiara si sono alzati tardi. / Ieri, Chiara e Giovanna si sono alzate tardi.

Abbiamo quindi sempre l'accordo con il participio passato.

Verbi riflessivi con i verbi modali e i verbi fraseologici

Con i verbi modali (dovere, volere, potere) e i verbi fraseologici (cominciare a, finire di, sapere, stare per), seguiti sempre da un infinito, il pronome riflessivo va prima del verbo o dopo l'infinito:

Domani mi devo svegliare presto.	*Domani devo svegliarmi presto.*
Mi finisco di lavare e vengo.	*Finisco di lavarmi e vengo.*

Quando abbiamo un verbo modale (dovere, volere, potere) nei tempi composti, l'ausiliare è *essere* se il pronome riflessivo precede il verbo modale, l'ausiliare è *avere* se il pronome riflessivo segue l'infinito:

Non mi sono potuto svegliare alle 8 perché ieri sera ho dormito poco.	*Non ho potuto svegliarmi alle 8 perché ieri sera ho dormito poco.*

Forma impersonale

Per costruire la forma impersonale usiamo: si + il verbo alla 3ª persona singolare (*In quel ristorante si mangia bene*) oppure uno + il verbo alla 3ª persona singolare (*In quel ristorante uno mangia bene*). Per costruire la forma impersonale dei verbi riflessivi, visto che è già presente il pronome si (*si diverte*), trasformiamo il si impersonale nella particella ci (*ci si diverte*):
In discoteca uno si diverte. / In discoteca ci si diverte.
Nei tempi composti, i verbi impersonali prendono l'ausiliare essere: *Ieri, si è andati al cinema.*
L'aggettivo dopo la forma impersonale è sempre al plurale: *si è felici, si è ottimisti, si è ottimiste.*

Verbi ed espressioni impersonali

Sono impersonali i verbi che indicano fenomeni atmosferici (*piovere, nevicare, grandinare* ecc.), quindi si coniugano solo alla 3ª persona singolare.

Altre espressioni impersonali:

> **Bisogna + infinito** (*Bisogna studiare di più se vogliamo superare l'esame*);
> **Essere + aggettivo**:
> *È necessario / È possibile / È giusto / È facile / È difficile / È utile / È inutile / È bello* (*È bello viaggiare. / È possibile prenotare un posto sul treno per Roma?*);
> **Essere + avverbio**: *È meglio* (*È meglio mangiare fuori stasera*).

Unità 10

Pronomi indiretti

Il pronome indiretto sostituisce un nome, oggetto indiretto (indiretto perché è preceduto dalla preposizione *a* e risponde alla domanda *a chi? a che cosa?*):
Telefono a Carla (verbo + nome, oggetto indiretto) più tardi. = *Le (pronome indiretto + verbo) telefono più tardi.*

Il pronome indiretto ha due forme: una forma atona e una forma tonica.

forma atona	forma tonica
mi	a me
ti	a te
gli, le, Le	a lui, a lei, a Lei
ci	a noi
vi	a voi
gli	a loro

Quando usiamo la forma atona, il pronome indiretto va sempre prima del verbo (pronome + verbo):
Gli amici, per il mio compleanno, mi hanno regalato un libro.
Solo all'imperativo diretto, all'infinito, al gerundio e al participio passato il pronome segue il verbo.

- Quando abbiamo la forma di cortesia usiamo sempre il pronome indiretto alla 3ª persona singolare (*Le/a Lei*): *Signora, Le piace questa camicetta?*
- Il pronome indiretto atono di 3ª persona plurale ha due forme: gli e loro. Il pronome loro è meno comune e lo usiamo dopo il verbo: *Ho detto a Laura e Alberto di incontrarci nel pomeriggio.* = *Gli ho detto di incontrarci nel pomeriggio.* = *Ho detto loro di incontrarci nel pomeriggio.*

Pronomi indiretti nei tempi composti

- Quando abbiamo un pronome indiretto nei tempi composti non abbiamo nessun accordo con il participio passato:

Lo sapevo, Valeria non ha detto bugie a Carla. = *Lo sapevo, Valeria non le ha detto bugie.* / *Ho scritto un'e-mail a Francesca e a Giulia per invitarle alla mia festa di compleanno.* = *Gli ho scritto un'e-mail per invitarle alla mia festa di compleanno.*

Pronomi indiretti con i verbi modali e i verbi fraseologici

Con i verbi modali (dovere, volere, potere) e i verbi fraseologici (*cominciare a, finire di, sapere, stare per*), seguiti sempre da un infinito, i pronomi indiretti di forma atona (*mi, ti, gli, le, Le, ci, vi, gli*) vanno prima del verbo o dopo l'infinito:

Voglio comprare un regalo a mia madre. = *Le voglio comprare un regalo.* = *Voglio comprarle un regalo.*
Professor Ferri, Le posso parlare? = *Professor Ferri, posso parlarLe?*

Il verbo *piacere* al passato prossimo

Il verbo piacere, come tutti i verbi che hanno l'ausiliare essere, al passato prossimo concorda in genere e numero con il soggetto:

Mi è sempre piaciuta la cioccolata.
Non ti è piaciuto il tiramisù del ristorante?
Le/Gli sono piaciute molto le scarpe nuove.
Ci sono piaciuti tutti i libri letti finora.
Vi è piaciuta l'ultima puntata del "Commissario Montalbano"?
Non gli è mai piaciuto andare a sciare.

Imperativo diretto

Usiamo l'imperativo per dare un ordine o un consiglio. Parliamo di imperativo diretto quando ci riferiamo alla 2ª persona singolare tu, alla 1ª persona plurale noi e alla 2ª persona plurale voi.

	1ª coniugazione (-are)	**2ª coniugazione (-ere)**	**3ª coniugazione (-ire)**	
	guardare	**leggere**	**aprire**	**finire**
tu	guarda!	leggi!	apri!	finisci!
noi	guardiamo!	leggiamo!	apriamo!	finiamo!
voi	guardate!	leggete!	aprite!	finite!

Come possiamo vedere, la coniugazione dell'imperativo diretto è uguale a quella del presente indicativo; soltanto per i verbi in -are, la 2ª persona singolare tu finisce in -a e non in -i:
Lucio, mangia la frutta! / Alessia, guarda che bel disegno ho fatto! / Gianni, ascolta questa canzone!

Imperativo diretto negativo

La forma negativa dell'imperativo diretto alla 1ª persona plurale (noi) e alla 2ª persona plurale (voi) è uguale a quella del presente indicativo, cioè mettiamo non prima del verbo, dell'imperativo affermativo:
Non dimentichiamo i cd! / Non prendiamo l'autobus! / Non partiamo oggi! / Non mangiate più dolci! / Non scrivete altri sms! / Non aprite la finestra!

Alla 2ª persona singolare (tu), per avere la forma negativa mettiamo non + infinito del verbo:
Non mangiare altri dolci! / Non scrivere altri sms! / Non aprire la finestra!

	1ª coniugazione (-are)	**2ª coniugazione (-ere)**	**3ª coniugazione (-ire)**	
	guardare	**leggere**	**aprire**	**finire**
tu	non guardare!	non leggere!	non aprire!	non finire!
noi	non guardiamo!	non leggiamo!	non apriamo!	non finiamo!
voi	non guardate!	non leggete!	non aprite!	non finite!

Verbi irregolari all'imperativo diretto

	essere		**avere**		**sapere**
	forma affermativa	**forma negativa**	**forma affermativa**	**forma negativa**	**forma affermativa**
tu	sii!	non essere!	abbi!	non avere!	sappi!
noi	siamo!	non siamo!	abbiamo!	non abbiamo!	sappiamo!
voi	siate!	non siate!	abbiate!	non abbiate!	sappiate!

	andare	dare	dire	fare	stare
tu	va'! (vai!)	da'! (dai!)	di'!	fa'! (fai!)	sta'! (stai!)
noi	andiamo!	diamo!	diciamo!	facciamo!	stiamo!
voi	andate!	date!	dite!	fate!	state!

Imperativo con i pronomi

- I pronomi diretti, indiretti e le particelle pronominali ci e ne seguono l'imperativo e formano un'unica parola: *Scrivila subito! / Regaliamogli un orologio! / Prendetene solo tre!*

- Se abbiamo la forma negativa dell'imperativo, i pronomi possono andare o prima del verbo o dopo il verbo e in quest'ultimo caso formano un'unica parola: *Non le telefonare ora! = Non telefonarle ora!*

- Quando abbiamo le forme irregolari dell'imperativo alla 2ª persona singolare (*va' / da' / fa' / sta' / di'*) i pronomi raddoppiano la consonante iniziale: *Va' a Roma! = Vacci! / Da' questo libro a tuo padre! = Dallo a tuo padre! / Fa' quello che ti dico! = Fallo! / Sta' accanto a Stefania! = Stalle accanto! / Di' a me la verità! = Dimmi la verità!*

  Fa eccezione il pronome gli: *Da' il libro a Riccardo! = Dagli il libro!*

Unità 11

Condizionale semplice (o presente)

	1ª coniugazione (-are)	2ª coniugazione (-ere)	3ª coniugazione (-ire)
	parlare	leggere	preferire
io	parlerei	leggerei	preferirei
tu	parleresti	leggeresti	preferiresti
lui/lei/Lei	parlerebbe	leggerebbe	preferirebbe
noi	parleremmo	leggeremmo	preferiremmo
voi	parlereste	leggereste	preferireste
loro	parlerebbero	leggerebbero	preferirebbero

Come nel futuro semplice, la coniugazione dei verbi in -are è uguale alla coniugazione dei verbi in -ere.

Particolarità dei verbi della 1ª coniugazione

a. I verbi che finiscono in -care e -gare prendono una -h- tra la radice del verbo e le desinenze del condizionale: cercare → cercherei, cercheresti, cercherebbe, cercheremmo, cerchereste, cercherebbero; spiegare → spiegherei, spiegheresti, spiegherebbe, spiegheremmo, spieghereste, spiegherebbero.

b. I verbi che finiscono in -ciare e -giare perdono la -i- tra la radice del verbo e le desinenze del condizionale: cominciare → comincerei, cominceresti, comincerebbe, cominceremmo, comincereste, comincerebbero; mangiare → mangerei, mangeresti, mangerebbe, mangeremmo, mangereste, mangerebbero.

Verbi irregolari al condizionale semplice

I verbi al condizionale semplice presentano le stesse irregolarità del futuro semplice:

Infinito	Condizionale	Infinito	Condizionale	Infinito	Condizionale
essere	sarei	sapere	saprei	tenere	terrei
avere	avrei	vedere	vedrei	trarre	trarrei
stare	starei	vivere	vivrei	spiegare	spiegherei
dare	darei	volere	vorrei	pagare	pagherei
fare	farei	rimanere	rimarrei	cercare	cercherei
andare	andrei	bere	berrei	dimenticare	dimenticherei
cadere	cadrei	porre	porrei	mangiare	mangerei
dovere	dovrei	venire	verrei	cominciare	comincerei
potere	potrei	tradurre	tradurrei		

Uso del condizionale semplice

Usiamo il condizionale semplice per esprimere:

- un desiderio:
  Come sarebbe bello comprare un'auto nuova! / Mi piacerebbe tanto venire con voi al mare.
- una richiesta in modo gentile:
  Signora, per favore, potrebbe dirmi dov'è Piazza Firenze? / Mi daresti il sale, per favore?
- un consiglio:
  Faresti bene a studiare di più per l'esame. / Io, al posto tuo non andrei più a casa di Filippo.
- un'opinione, un'ipotesi:
  Potremmo fare un giro in barca prima di andare a mangiare. / Luca dovrebbe tornare per le 5.
- un fatto, una notizia non confermata:
  Secondo alcuni medici, i bambini non dovrebbero guardare la TV per più di un'ora al giorno.

Condizionale composto (o passato)

> ausiliare **essere** o **avere** al condizionale semplice + **participio passato** del verbo

Usiamo il condizionale composto negli stessi casi in cui usiamo il condizionale presente. Tuttavia, è importante considerare che il condizionale composto esprime:

- un desiderio non realizzato:
  Mi sarebbe piaciuto venire con voi, ma non potevo lasciare l'ufficio.
- un consiglio (riferito a una situazione passata):
  Avresti dovuto telefonarmi in quel momento e non il giorno dopo.
- un fatto, una notizia non confermata:
  L'incidente sarebbe accaduto a causa della pioggia.
- il futuro nel passato:
  Ero sicuro che Matteo mi avrebbe detto di no. / Non ho mai pensato che saresti partita senza salutarmi.

nuovissimo PROGETTO italiano 1

Unità Sezione	Elementi comunicativi e lessicali	Elementi grammaticali

Unità Sezione	Elementi comunicativi e lessicali	Elementi grammaticali

CD AUDIO

[71']

Su i-d-e-e.it puoi ascoltare in streaming la versione naturale e rallentata del CD audio.